¿CÓMO Llegaste A TU DESIERTO?

¿CÓMO Llegaste A TU DESIERTO?

Una publicación de Paredes de Amor

Ruthie Velázquez-Paredes

XULON PRESS

Xulon Press
2301 Lucien Way #415
Maitland, FL 32751
407.339.4217
www.xulonpress.com

© 2020 by Ruthie Velázquez-Paredes

All rights reserved solely by the author. The author guarantees all contents are original and do not infringe upon the legal rights of any other person or work. No part of this book may be reproduced in any form without the permission of the author. The views expressed in this book are not necessarily those of the publisher.

Correo Electrónico: Paredes_de_amor@yahoo.com -

Printed in the United States of America.

ISBN-13: 978-1-6305-0374-1

Dedicatoria y Agradecimiento

Después de una larga espera, noches de desvelo, oración y dirección de parte de Dios, doy toda la gloria y la honra a mi amado Señor Jesús por haberme permitido escribir este mi segundo libro: "¿Cómo llegaste a tu Desierto?", el cual anhelaba con tantas ansias.

Jamás lo hubiera logrado si no hubiera sido por la guianza de tu Espíritu Santo. Por eso siempre tendrás el primado en todos mis proyectos.

¡Gracias Padre Santo!

Agradezco a mi hermano, mi amigo y mi mentor, Pastor, Dr. Ray David Velázquez, Th.D., por haber tomado de su tiempo para servir como mi editor en este tesoro especial y

A mi amiga amada evangelista y misionera Aida Esther Díaz, por su apoyo y cooperación en la redacción del mismo.

Doy gracias a mi amado esposo, Juan Carlos Paredes, Pastor de Iglesia Puerto de Vida, un hombre visionario, a quien amo profundamente y por siempre estar ahí para mí respaldándome en todo.

Finalmente, lo dedico con todo mi amor a mis tres hijos: Melvin David, Paul Jonathan y Joshua Nathanael, esperando que algún día las palabras de este libro le sirvan de aliento en su caminar por la vida al enfrentar sus desiertos.

Tabla de Contenido

Dedicatoria y Agradecimiento v
Prólogo ix
Sobre la Autora xi
Prefacio xiii
Introducción xv

¿Cómo llegaste a tu desierto? 1
Encuentra la fuente en tu desierto 5
Una Cisterna Seca 9
Cuando Dios nos Sorprende en el Desierto 13
Llamados a Adorar en el Desierto 19
A Solas en el Desierto 23
Soporta la Tentación 27
Confrontados por Amor 33
¿Por qué me dejó en el Desierto? 37
Predicando en el Desierto 41
No Toda Situación Adversa es un Desierto 47
Profetiza Sobre tu Desierto 53
No Morirás en el Desierto 59
Monte, Desierto o Valle 65
Desiertos en la Iglesia y Sus Lecciones 69
La Gloria de Dios en el Desierto 81
En el Proceso del Desierto Conocerás la
Promesa y el Propósito 85

Carta al Lector 89
Bibliografía 91

Prólogo

Cuando mi hermana Ruthie decidió escribir su segundo libro: "¿Cómo llegaste a tu desierto?" me pidió que le acompañara en esta jornada como editor de su manuscrito. Una vez me dí a la tarea de leerlo pude encontrar en sus páginas información contundente y de gran valor, necesario para la actualidad. Vivimos en un mundo donde una y otra vez todos atravesamos desiertos, mientras estemos en nuestra asignación terrenal.

Procedemos de una familia humilde de la isla de Puerto Rico. Somos nueve hijos. En el año 1974, nuestra familia se trasladó a la ciudad de Tampa, Florida de Estados Unidos. Por la gracia de Dios, hemos sido una familia bendecida y distinguida en el ámbito cristiano toda nuestra vida ya que Dios nos ha concedido la dicha de servirle en varios ministerios para su gloria. Pero también hemos sido procesados por varios desiertos y pasado malos momentos que la vida nos ha presentado. Así que he tenido la oportunidad de ver los desiertos que le ha tocado a mi querida hermana cruzar. Al leer su manuscrito, también recordé los míos y pude identificarme con su contenido. Teniendo la óptica personal, por estar al lado de ella, puedo atestiguar personalmente el sentir de su corazón al inspirarse a crear esta obra. Conozco los desiertos que ella ha tenido que atravesar y he visto como la poderosa mano de Dios le ha guiado y fortalecido para seguir adelante una y otra vez. Muchas veces Dios la llevó de Su mano, otras veces le levantó en su caída, en ocasiones Su mano le trajo consuelo y otras veces Su mano sirvió de corrección para que aprendiera la lección del desierto.

A lo largo de nuestra vida, hemos tenido la oportunidad de ver a muchas personas cruzar desiertos en sus vidas, como también nos ha tocado a nosotros encontrarnos en medio de éstos. En este libro tuve la oportunidad de visualizar y explorar ambos aspectos. Cuando observamos a otra persona atravesar circunstancias desérticas y salir victoriosos, esto nos inspira a nosotros a continuar atravesando las nuestras. En este libro encontrarás experiencias, herramientas y enseñanzas bíblicas que te ayudaran no solo a perseverar y entender como llegaste a tu desierto sino también a salir victorioso al otro lado.

Ningún escrito hace justicia a la realidad que experimenta la persona en su momento de desierto, pero este libro te servirá como un espejo y te ayudara a cambiar tu perspectiva del desierto que estás atravesando. Puede que tú pienses, ¡yo no he llegado a un desierto!, si esto fuera cierto, cual no creo que lo sea, entonces este escrito te ayudará a fortalecer tu fe para cuando llegue tu momento, pues sin lugar a duda, tu desierto vendrá.

Aunque el título de este libro es una pregunta, el objetivo del mismo no es que le respondas, sino más bien que analices tu situación y puedas encontrar la respuesta y el propósito de tu desierto.

Oramos a Dios que te dé sabiduría y entendimiento para que puedas asimilar claramente, como llegaste a tu desierto. Que este libro te sirva de inspiración y fortaleza espiritual para vencer los obstáculos que estás enfrentando o enfrentarás en tus desiertos.

Dr. Ray David Velázquez, Th.D.
Pastor de Palabra Refrescante Church of God
Tampa, Florida

Sobre la Autora

Doy gracias a Dios por haber conocido a mi amiga Ruthie Velázquez-Paredes y a su familia por muchos años. A lo largo de los años hemos tenido la oportunidad de compartir experiencias ministeriales y personales que han marcado nuestra amistad. Siempre que le he necesitado ha estado presente. Por la gracia de Dios, Ruthie se ha desenvuelto en varios ministerios y dones que Dios le ha dado tales como el canto y la predicación del Evangelio y ahora como escritora. Además Dios le ha permitido viajar a varios países como misionera y conferencista para la gloria de Dios. En la actualidad, Ruthie y su esposo Juan Carlos Paredes pastorean en la ciudad de Safety Harbor.

Este es su segundo libro publicado: "¿Cómo Llegaste a tu Desierto?" Y yo me siento muy honrada por la oportunidad brindada de ayudar con la redacción final y ser parte de este tesoro espiritual. Al igual que su primer libro: "¡Libértame de la Angustia, Señor!", La esencia de este libro gira en torno a principios Bíblicos y el testimonio de una mujer restaurada por Dios.

Estoy segura que este libro ha de ministrar a muchas vidas porque está centralizado en la Palabra de Dios y el efecto que la Palabra ha hecho en su vida personal.

Le deseo mucho éxito de todo corazón, recordando que nuestro trabajo en el Señor nunca es en vano. Que este libro sirva como una herramienta poderosa para alcanzar vidas para el reino de los cielos y ayudar a muchos a salir de su desierto.

Gracias nuevamente por esta oportunidad siempre serás más que una amiga, una hermana. Dios te continúe bendiciendo por siempre. ¡Te amo!

Evangelista-Misionera
Aida Esther Díaz

Prefacio

A finales del año 2016, me encontraba en Puerto Rico visitando la iglesia La Senda Antigua en el pueblo de Toa Baja en una actividad de mujeres. Al final de la conferencia, hubo ministración en el altar por todas las que allí estábamos. Recuerdo que había varias mujeres líderes asignadas a orar por grupos. Al pasar al frente, fui ministrada por una mujer, pastora o esposa de pastor, que no me conocía, yo tampoco la conocía a ella. Para mí fue algo transcendental ya que cuando esa mujer puso sus manos sobre mi cabeza, me dijo estas palabras: "te veo en un pequeño escritorio, lleno de papeles, con una computadora y escribiendo, no es un solo libro, son varios libros, los que Dios te ha de permitir escribir." Como les dije, yo no la conocía a ella, ella desconocía que ya yo había escrito un libro (¡Libértame de la angustia, Señor!) y estaba en proceso de mi segundo libro, aunque desconocía cuando lo iba a producir, no dejaba de escribir pues anhelaba estar lista para el momento que Dios lo permitiera. Esta palabra impactó mi vida y me sirvió de confirmación de parte de Dios para continuar con mi pasión de escribir lo que el deposita en mi corazón. Dando así por gracia, lo que por gracia hemos recibido.

Hay varias cosas que me han motivado a escribir sobre este tema. Hace más de veinte años atrás, tuve que atravesar una situación muy triste. Llegué a sentirme como el payaso que hace a muchos reír, pero por dentro está llorando. Mientras más crecía mi ministerio Evangelistico, radial y musical, más opresión sentía de parte de ciertas personas allegadas a mí. Llegué al punto de tirar la toalla. Sin pensar en otra salida, abandoné todo lo que amaba y sin darme cuenta caí al vacío. Recuerdo haber soltado mi programa radial, tiré a mi lado todas mis pistas y mis grabaciones y todo lo que consistía el ministerio. Salí huyendo pensando que no había otra salida. Ciertamente actué como dice el Proverbio que la opresión entontece al sabio.

Al poco tiempo, me hallé en un desierto donde yo misma no podía entender, como había llegado a esa situación. Hubo momentos que no reconocía mi imagen frente el espejo, no físicamente, sino espiritualmente. Antes de tomar mi decisión había consultado con un pastor que me aconsejó que no me moviera, que siguiera en aquel lugar, siendo una víctima de la situación. No podía entender la ingratitud y la traición de muchos que en un tiempo yo había considerado mis amigos. Todos se alejaron de mi lado. Comencé a rodearme de otras amistades sin medir las consecuencias de mi desvarío.

Con el tiempo, pude comprender que yo misma me deje llevar al desierto por mi desobediencia. Encontré personas en mi camino que estaban en la misma situación y también se preguntaban cómo llegaron hasta esa situación donde estaban. Un buen amigo me dijo una vez una frase que nunca olvidaré: "Dos cosas malas jamás sumaran una cosa buena." Se refería al yo haber optado por abandonarlo todo y salir corriendo pensando que iba a arreglar mi situación.

En este libro, te comparto experiencias vividas y testimonios que aumentarán tu fe. También encontrarás respuestas bíblicas que estoy más que segura te ayudaran a entender los procesos de tus desiertos y cómo lidiar con ellos.

Estoy segura que una vez termines de leer este libro, vas a experimentar cambios positivos en tu vida. Esperamos que también lo puedas compartir con otras personas en tu entorno a las cuales tú desees ayudar a salir adelante en medio de su desierto.

Introducción

Había pasado un año de mi esposo y yo habernos trasladado a la isla de Puerto Rico después de haber residido más de cuatro décadas en la ciudad de Tampa, estado de Florida en Estados Unidos. Aunque aún no entendíamos el propósito de Dios al habernos permitidos tomar esta decisión tan radical, estábamos seguros de que Su mano estaba con nosotros.

Hicimos los preparativos necesarios para poder sostenernos económicamente los primeros meses en la isla de manera que no fue muy difícil, ya que habíamos estado trabajando fuertemente para tener unos ahorros y así sufragar nuestros gastos. Pensamos que por nuestra experiencia de trabajo, no tardaría mucho tiempo en que alguna fuente de empleo aparecería. Sin embargo no fue así, el tiempo fue pasando y aunque mes tras mes sometíamos solicitudes de empleo a varias compañías, resultó ser un proceso muy frustrante y sin resultados. Poco a poco y lentamente se fue secando la fuente de nuestra economía y quedamos totalmente desprotegidos económicamente, era tiempo de ejercitar nuestra fe. Seguíamos confiados en que el Señor no nos iba a dejar solos, pues nos tocaba vivir lo que siempre habíamos predicado sobre las promesas de Dios en lo que es "vivir por fe".

Durante mi niñez siempre escuché a mi padre (quien era pastor) decir que nosotros vivíamos por fe. Era tan común esta expresión que llegue a pensar que "vivir por fe" era una profesión universitaria. En mi mente ingenua, cuando me preguntaban en la escuela acerca del trabajo de mi papá, sin pensarlo dos veces yo le respondía que nosotros vivíamos por fe, aunque en realidad no sabía, ni en lo más mínimo lo que eso significaba.

Siempre habíamos sido de bendición a nuestra iglesia y pastores. Habíamos aprendido la ley de la siembra y la cosecha a través de nuestros diezmos y ofrendas. Lo primero que separábamos de nuestro ingreso de empleo eran estos, pero ahora no teníamos empleo ni recursos para poder adorar a Dios con nuestros diezmos y ofrendas, cosa que daba vergüenza no poder practicar. Era muy incómodo para nosotros no poder diezmar ni ofrendar cuando llegaba el momento en el de recibir la ofrenda en el servicio de adoración. Por otro lado, también nos costaba mucho trabajo ser recipientes de cualquier dádiva u ofrenda, porque simplemente, no estábamos acostumbrados a esto. Habíamos sido de bendición a muchos, inclusive Dios nos había permitido ir a otros países a llevar bendición, pero ahora estábamos en el otro lado del espectro.

Después de un tiempo y proceso muy duro fuimos bien recibidos por unos pastores y una hermosa congregación, quienes fueron de gran bendición para nosotros en aquella temporada de escasez, nuestro gran desierto. Residíamos en la ciudad de Dorado para aquel entonces y aunque en nuestro espíritu estábamos saciados, la ausencia de provisión para nuestras necesidades cotidianas nos creaba cada día que pasaba una preocupación desesperante. Aunque este desierto era simplemente escasez de dinero para suplir los gastos de pagar la renta, la luz, el agua, la comida y el cable. Aun así nuestra fe se acrecentaba cada día más al ver la mano de Dios obrando día tras día.

Recuerdo haberme refugiado en las redes sociales donde me pude conectar con muchas amistades y hermanos que en algún momento habían formado parte de mi vida. Una tarde recibí un mensaje de una compañera ministro de Dios quien se interesó en preguntarme como nos encontrábamos. Como muchas personas solían preguntar por nosotros y en varias ocasiones bendecirnos con algún donativo financiero, le compartí en toda sinceridad la situación que estábamos atravesando pensando que quizás pudiera de igual manera bendecir nuestras vidas, pero con ella no sucedió así. Cuando le conté nuestra situación automáticamente nos juzgó asumiendo e insinuando que había algún pecado en nosotros que no nos permitía salir de aquel *desierto* de escasez económica en el que habíamos caído. Me causó mucha tristeza cuando escuché aquel mensaje de esta sierva de Dios donde nos decía que debíamos escudriñarnos, arrepentirnos y pedir perdón al Señor para que El restaurara nuestras finanzas. No entendía las palabras que escuchaba en aquel momento, pues me atrevo a decir que si en algún tiempo me sentí más cerca del Señor fue en aquella temporada. Día tras día esperábamos y recibíamos un milagro. No era un desierto de castigo lo que estábamos experimentando, era un desierto donde estábamos más que seguros que algo Dios nos estaba enseñando.

Una y otra vez, sin contarle a nadie nuestra situación, Dios se manifestaba enviando provisión. Recuerdo que en más de una ocasión, Dios le mostro a nuestro pastor, José A Mercado, nuestra necesidad, así en muchas ocasiones, Dios lo usaba para que nada nos faltara. Otras personas desde Tampa y otros lugares, eran movidas a preguntar por nosotros y nos enviaban ofrendas, gente que Dios tocaba sin saber nada y nos bendecían con una ofrenda. Un sin número de hermanas en la iglesia eran tocadas por Dios y al saludarnos simplemente depositaban una ofrenda en nuestra mano. Siempre que esto sucedía era cuando más desesperados estábamos y no teníamos ni la menor idea de donde iba a salir nuestra provisión. Nos tocaba simplemente aferrarnos a las promesas de Dios. En ese desierto aprendimos varias lecciones. Entre ellas la más importante es que aprendimos a depender de Dios. Santiago 1:17 dice que toda buena dádiva y todo don perfecto desciende de lo alto, del Padre de las luces.

Recuerdo un momento en que Dios nos reprendió en el altar y nos dijo que nos estaba preparando para pastorear, pero que teníamos que aprender el concepto de recibir las bendiciones de Dios. Es irónico que por lo regular Dios nos reprende para que aprendamos a dar y a nosotros nos tenía que enseñar a recibir. Todavía no habíamos entendido el concepto de que cuando tú aceptas lo que alguien te entrega, estas permitiendo que Dios bendiga a la otra persona. Es decir, no solo se trata del que recibe, sino que Dios también bendice al que está dando y si no aceptamos lo que nos están dando, le estamos cortando su bendición. Pasaron los meses y nuestra fe se fue fortaleciendo en una forma extraordinaria y finalmente aprendimos la lección.

Además de todo ese desierto de escases financiera, a finales del año 2016, mientras mi hermana Ismari y su familia pasaban sus vacaciones visitándonos en Puerto Rico, mi esposo experimentó un ataque celebrar con dos episodios de aneurisma. Esa mañana mientras aun estábamos en la cama, mi esposo comienza a balbucear con la lengua enredada, al principio parecía que estaba bromeando. Pero no, me di cuenta que lo que estaba sucediendo no era normal. Así que rápidamente llamamos a la ambulancia y lo trasladaron a un Centro Medico en la isla. Mientras esperábamos a los paramédicos, llamamos a los pastores y a la familia de fe más cercana e hicimos una cadena de oración inmediata. Los paramédicos confirmaron que había sido un ataque cerebral. Mi hermana y yo íbamos siguiendo la ambulancia y clamando al Señor por un milagro. Confiábamos en que Dios estaba tomando el control de la situación. Tuvimos que esperar muchas horas para que llegara un doctor a atenderle en la sala de emergencias. Sin embargo, aun cuando mi esposo estaba esperando ser revisado por algún médico, ya Dios había hecho la obra. Su cuerpo había vuelto a la normalidad y éste pedía regresar a la casa. Los médicos no se podían explicar como aquel ataque no había ni siquiera dejado secuelas. Lo retuvieron en el hospital una semana para hacerle varios exámenes de revisión antes de darle de alta y los médicos pudieron constatar que todo estaba normal. ¡Gloria a Dios! Una semana más tarde, mi esposo se encontraba danzando en la casa del Señor en agradecimiento y como testimonio de lo que Dios había hecho en su vida.

En el año 2017 después de haber atravesado aquel desierto, nos regresamos nuevamente a Tampa para retomar el curso de nuestras vidas. Al despedirnos de nuestros pastores en Puerto Rico, el pastor Mercado y su esposa Iris, depositaron una palabra profética en nosotros de la siguiente manera: "*Mis hijos, ustedes salen de aquí. No se acomoden en ninguna congregación porque Dios los va a sacar a pastorear dentro de poco tiempo.*" No tardó mucho tiempo para nosotros entender el propósito de Dios al haber tomado aquella decisión tan radical, que en sí no fue nuestra decisión, si no la manera en que Dios quería revelarnos su propósito para nuestras vidas. Hoy, por la gracia de Dios, estamos pastoreando y sirviendo a Dios como Él nos lo había indicado. Dándole siempre las gracias porque nos enseñó a aferrarnos a sus promesas.

Al regresar, dejamos todas nuestras pertenencias, todo lo material excepto parte de nuestra ropa y nuestros perros los cuales viajaron con nosotros. En esta ocasión nuestra experiencia fue muy diferente, pues Dios premió nuestra fe y más del noventa por ciento de lo que recibimos para nuestra casa fueron donadas. Muchas personas quedan maravilladas al ver como Dios nos ha bendecido. Hoy por hoy podemos decir que Dios nos restauró en poco tiempo todo lo material que dejamos atrás.

Nos afianzamos a lo que dice su palabra en Isaías 48:11 "Jehová te pastoreara siempre y en las sequías saciará tu alma, y dará vigor a tus huesos; y serás como huerto de riego, y cuyo manantial de aguas, cuyas aguas nunca faltan."

¿Cómo llegaste a tu desierto?

En cierta ocasión quise sembrar un jardín de rosas al frente de mi casa. Preparé el terreno, compré la semilla y la sembré. Al poco tiempo comenzaron a crecer aquellas plantas, pero las rosas no florecían como yo esperaba. Eran escasas y débiles. Al hablar con una persona que tenía conocimiento de plantas, me dijo que todo tenía que ver con el terreno y con el sol. Yo le expliqué que les echaba agua todos los días, sin embargo ella me dijo que el problema estaba en que no solo las rosas necesitaban agua sino también necesitaban mucho sol para que pudieran florecer. Esto es lo mismo que sucede en nuestras vidas, no solo necesitamos el agua que refresca, es decir, los buenos tiempos sino que también necesitamos del calor del sol, en este caso, los malos tiempos para poder florecer y dar lo mejor de nosotros.

En este capítulo te hago la pregunta ¿Cómo llegaste a tu desierto?, no estamos hablando de el gran desierto de Sahara, o un desierto natural, si no a esa situación o estado que como seres humanos todos atravesamos, momentos de desesperación, de sequedad espiritual y en muchas ocasiones hasta pensamos que ha llegado el final. En este libro presentaré el desierto como un estado o una situación por la cual hemos atravesado alguna vez en nuestra vida. También descubrirás como manejaron sus desiertos los grandes personajes de la Biblia. Espero que la lectura sobre las enseñanzas, las experiencias y la vida que compartiré contigo, sirvan para tu crecimiento espiritual cuando llegues a tu desierto.

Según la Biblia Reina Valera 1960, la palabra "desierto" aparece trecientos treinta y ocho veces (338) en la Biblia. Geográficamente hablando y según el diccionario de Wikipedia, *Un desierto es un bioma de clima árido, donde las precipitaciones son escasas. Estos suelen poseer poca vida, pero eso depende del tipo de desierto; en muchos existe vida abundante, la vegetación se adapta a la poca humedad (matorral xerófilo) y la fauna usualmente se oculta durante el día para preservar humedad. Los desiertos forman la zona más extensa de la tierra ya que consiste de más de cincuenta millones de kilómetros cuadrados, es decir casi un tercio de la tierra es parte de un desierto. Hay ciertas semillas de vegetales que se desarrollan mejor en lugares áridos y cálidos.*

Cuando nos referimos al desierto, automáticamente, en nuestra mente comienza a formarse una imagen de un lugar de mucha arena, muy cálido, imaginamos ver personas con largas túnicas y camellos. Un lugar poco habitado, donde no vive gente. Pero la realidad es que 53% de los desiertos son lugares calientes y el otro 47% son lugares fríos. Es decir, no todos los desiertos que existen en el mundo son lugares cálidos. En la mayoría de los casos, se define al desierto como un lugar donde nadie quiere estar. Un lugar incomodo, indeseable y escaso de recursos o facilidades para vivir.

Con frecuencia escucho a muchas personas referirse al desierto como un lugar de aprendizaje o de prueba para luego lanzarnos a un mejor destino. Otras personas se refieren al desierto como el lugar donde Dios se les revela en momentos de necesidad y les muestra su gloria. Muchos lo identifican como el lugar donde Dios sale a su encuentro y tienen una experiencia fuera de lo normal que cambia el rumbo de su vida. Pero también existen muchas personas que lo identifican como un lugar de castigo por su desobediencia.

Cuando miramos la Palabra de Dios nos damos cuenta que podemos llegar a varios tipos de desiertos a lo largo de nuestra vida. He aprendido que hay momentos que he llegado a un desierto a causa de mi desobediencia y en otros momentos que Dios mismo me ha llevado al desierto para llamar mi atención. Podemos "llegar al desierto" por muchas razones. Algunos sufrimientos o "desiertos" son el resultado directo del pecado en nuestra vida; otros tienen lugar por nuestra necedad y otros son el resultado de vivir en un mundo caído. Sin embargo, aquí te enteraras que no siempre es por algo negativo que llegarás al desierto, ya que el desierto también puede ser una bendición. Aún más, para tu sorpresa verás que puedes llegar al desierto en manera voluntaria, en obediencia para que Dios se te revele. De todos modos, recuerda que al llegar a un desierto, es porque Dios lo permitió para que al salir del mismo, puedas florecer con excelencia, porque El preparó tu terreno, el sol y el agua necesaria para que alcances tu propósito en Dios.

Quisiera explorar varias situaciones bíblicas en que los personajes son llevados o han llegado a un desierto en un momento dado de su vida. Cabe notar que en cada historia que vamos a mencionar, Dios tenía un propósito. Por esta razón, podemos afirmar que no siempre el desierto es sinónimo de un mal momento o temporada.

Uno de los desiertos que se distingue en la historia bíblica fue aquel que atravesó el pueblo de Dios (Israel) cuando salió de Egipto. Este desierto le tomó un periodo de 40 años dando vueltas antes de ser introducidos a la tierra prometida. Cuando lo aplicamos a la vida, consideramos que este desierto es tipo de lugar de espera, donde Dios te ha llevado para probarte y revelarse a tu vida para un mayor propósito. También puede ser un proceso de formación o una forma de castigo por la desobediencia. En palabras simples diríamos es donde Dios nos pule sacando lo mejor de nosotros, para que podamos brillar con excelencia. Lo que sí es muy cierto, es que cada persona experimentará su prueba o su desierto en una forma única, particular y personal.

Sin importar tu tipo de desierto, ni como llegaste al mismo quiero asegurarte que no fue por accidente. Estás en el lugar donde Dios quiere que estés, aunque parezca absurdo o una casualidad.

Encuentra la Fuente en tu Desierto

Hay algo de lo que estoy segura, sin lugar a equivocarme y es que todos hemos cometido errores en la vida. Muchas veces cuando llegamos a un desierto lo achacamos a otras personas y no nos apersonamos de la situación cuando en realidad es por nuestras malas decisiones o por haber pecado, que llegamos a ese desierto. En nuestra humanidad resulta más fácil salir por el camino que se ve más despejado al llegar a una encrucijada ya que tendemos a *cortar por lo más sano*. Sabemos que Dios conoce todas las cosas, ante Él no hay nada oculto. Cuando somos sinceros con Él y le confesamos nuestras faltas, Él es fiel y justo para perdonarnos y regresarnos al lugar donde debemos permanecer por un tiempo más. Debemos siempre examinar nuestra situación y condición en medio de nuestros desiertos y preguntarnos: ¿Cómo llegué a este desierto? Y ¿Cómo puedo salir de aquí? Recuerda que independientemente cuál sea la situación, siempre hay que aprender a esperar en el Señor. Proverbios 16:25 dice: "Hay camino que parece derecho al hombre, pero su fin es camino de muerte."

Esto me lleva a una historia bíblica con implicaciones históricas en el pueblo de Dios y los propósitos de Dios con el Patriarca Abraham. En el libro de Génesis capitulo dieciséis se encuentra el relato de esta historia. Esta historia trata con la criada de Abraham y Sara, su nombre era Agar. Permíteme relatar la historia.

Cuenta la historia que Sara la esposa de Abraham, era estéril y ya avanzada en edad, aunque Dios le había prometido descendencia, en su desesperación quiso ayudar a Abraham a cumplir la promesa de Dios a través de su criada Agar. En aquel tiempo era una afrenta a la mujer el no concebir. Abraham acepta la propuesta y se allega a su criada Agar la cual concibió a un hijo que llamo Ismael. Al pasar el tiempo, esta situación trajo consigo consecuencias muy tristes ya que Agar miraba con desprecio a Sara. Cuando Sara se da cuenta de su error, comienza a sentirse incomoda con la presencia de Agar y comenzó a hostigarla hasta que ésta (Agar) huyó de la casa. Notemos que Agar estaba huyendo de Sara por causa de su aflicción. Este es el primer encuentro en desierto que vemos en la Biblia. Agar no se fue con gusto de la casa de su señora, sino que al verse presionada por la situación decide irse al desierto. Sin embargo, En el verso siete, (hablando de Agar) dice la escritura, "Y la halló el ángel de Jehová junto a una fuente de agua en el desierto, junto a la fuente que está en el camino de Shur."

Seguramente has oído hablar acerca de los oasis en los desiertos. Por definición, un oasis es una porción de terreno ubicado en el interior de los desiertos de arena o roca. El oasis por lo general cuenta con cierta vegetación y, a veces, con pequeños manantiales o estanques de agua. Aunque parezca absurdo, en el desierto también hay agua a mucha profundidad bajo las capas de arena. Muchas veces el agua suele asomarse un poco a la superficie de la tierra, lo que permite que se formen pequeñas fuentes y se construyan pozos, aunque no muy profundos.

Es interesante ver como en este desierto había una fuente de agua (un pozo). ¿Cómo es posible que hubiera una fuente de agua en un desierto? Muchas de las fuentes o pozos que se encontraban en el desierto fueron hechas por los mercaderes o talvez en este caso el mismo Abram la había preparado. Estas fuentes también suplían el agua para el ganado, las ovejas y pastores de ovejas en esas regiones.

Agar se encuentra con nada más y nada menos que el Ángel de Jehová quien le instruye a regresar a la casa de su ama y humillarse. También le revela que estaba embarazada y que su hijo, había de multiplicar su descendencia. En Este encuentro tan inesperado entre Agar y el Ángel de Jehová, Agar reconoce que Dios había salido a su encuentro a causa de su aflicción y le pone el nombre al pozo: "Pozo del viviente que me ve" reconociendo que allí en medio de aquel desierto, Dios mismo le salió a su encuentro.

Cuantas veces nos sentimos como Agar, presionados por algún error o decisión tomada. Estas presiones muchas veces hacen sentir a uno desprotegido, sin tener a dónde acudir. Talvez al querer salir huyendo del problema nos encontramos con Dios en medio de un desierto, donde éste nos instruye a estar quietos. "Estad quietos y conoced que yo soy Dios." ¿Pero, porque tengo que soportar tanta humillación y tanto dolor? Nos preguntamos. Es que en medio de este proceso Dios te ha de engrandecer. Verás más adelante la bendición de Dios siendo manifestada en tu vida, en tu hogar, en tu familia y en tu descendencia. Cuando obedeces sus instrucciones, Dios se ha de glorificar cumpliendo su propósito en tu vida.

Desconozco el desierto en que quizás te encuentras al leer estas palabras, quiero aconsejarte a que busques la fuente en tu desierto. Puede ser la presencia de Dios en la persona del Espíritu Santo, como también puede ser esa persona que te dará el consejo adecuado para ayudarte a cruzar tu desierto. Permita Dios puedas escuchar la voz de Dios a través de estas letras que escribo y seas fortalecido en tu desierto.

Quizás alguna vez has escuchado la historia de Job en la biblia, si no la has leído, te animo a que la leas. Es una historia enriquecedora, digna de admirar y ver como en medio de todo aquel "desierto" que le tocó vivir aún se expresaba de la siguiente manera: "Yo sé que mi redentor vive, y al fin se levantará sobre el polvo." Job 19:25. Podemos decir que Job estuvo en un desierto muy extenso ya que perdió todas sus posesiones materiales, pero aún más, perdió sus hijos. La fe de Job, sabía que Dios habría de proveerle una fuente en medio de aquel desierto, que algo bueno iba a salir de todo aquello que él estaba pasando. Creo que yo no hubiera soportado todo aquello. Se toma una medida de fe excepcional para perseverar como él lo hizo. Fíjate en la forma que lo expresa en estos versos: "He aquí, aunque él me matare, en él esperaré; No obstante, defenderé delante de él mis caminos, Y él mismo será mi salvación, Porque no entrará en su presencia el impío.": Job 13:15-16. Job reconocía la soberanía de Dios en tal manera que estaba dispuesto a esperar hasta su último suspiro.

Algunas personas cuando están en medio de situaciones difíciles suelen referirse diciendo: "estoy pasando las de Caín." Otros también usan la expresión "estoy en el proceso de Job." Entiendo que son dichos de antaño que se expresan para hacer notar su situación precaria en el momento. Pero todos sabemos que literalmente, Job lo perdió todo. No creo que haya otra persona en la tierra que haya pasado por tanto como él.

Si a sufrimiento nos referimos, podríamos aludir a nuestro Señor Jesucristo. 2 Corintios 5:21 "Al que no conoció pecado, por nosotros lo hizo pecado, para que nosotros fuésemos hechos justicia de Dios en él." También en 1ra Pedro 2:22 "el cual no hizo pecado, ni se halló engaño en su boca." Por medio de su sufrimiento y muerte en cruz, Jesús se convirtió en la fuente de vida eterna para darnos vida cuando andábamos muertos en delitos y pecados. Por medio de su resurrección nos ha dado esperanza de que un día estaremos con El en los cielos. La sangre vertida en la cruz por nuestro Señor Jesucristo se ha convertido la una fuente inagotable de los siglos para todo aquel que se encuentra en algún desierto.

Cantemos con regocijo en nuestros corazones el hermoso himno: "Oh preciosa, fuente sanadora, para todos fluye libre. Oh preciosa fuente sanadora, ¡Gloria a Dios! Me sana a mí."

Una Cisterna Seca

Una de las historias destacadas en la Biblia se encuentra en Génesis capítulo treinta y siete. Allí encontramos la historia de José, el hijo amado de Jacob a sus diecisiete años de edad. José era muy amado por su padre ya que lo había tenido en su vejez. Dios conocía el corazón de José y se le revelaba a través de sueños, por esto a José se le distinguía como "el soñador." Cuando José tenía sueños los contaba a sus hermanos y familia con mucho entusiasmo, pero en lugar de sus hermanos alegrarse con sus sueños éstos se llenaban de odio y resentimiento. En cierta ocasión Jacob hizo a José una hermosa túnica de colores y los hermanos de él se llenaron de envidia y lo aborrecían más. Casi puedo imaginarme el sarcasmo y la burla que José recibía de ellos. Un buen día, su padre decide enviarle a llevarle alimento y a ver a sus hermanos en Siquem donde apacentaban ovejas. Cuando no les hallo en Siquem y se encontraba un poco perdido alguien le dirigió hacia Dotán en donde les halló. Sin embargo en la mente inocente de José, no pensó lo que sucedería más adelante. El ni siquiera se imaginaba de lo que serían capaces sus hermanos a causa del odio y rencor que le tenían. Ellos al verlo llegar a lo lejos conspiraron contra el para matarle. Sin embargo, su hermano Rubén les sugiere la brillante idea de no matarlo más bien meterlo en una cisterna que había en el desierto. Es obvio que ellos estaban familiarizados con toda aquella región y ahí estaba ese lugar perfecto para arrojarle. En la historia anterior encontramos a Agar en un desierto donde había un pozo con agua, pero ahora José es metido en una cisterna donde no había agua. Hay una diferencia entre un pozo con agua, a lo cual en la Biblia muchas veces se le llama "fuente" y un pozo vacío lo cual llamaban "cisternas". Esto lo podemos ver en Jeremías 2:13: "Me dejaron a mi fuente de agua viva, y cavaron para sí cisternas, cisternas rotas que no retienen agua." La fuente que emerge en el desierto es una muy débil, Dios se compara con una "fuente de agua viva" a lo que podemos comparar a un rio caudaloso que nunca se agota. Así que los hermanos de José lo mantuvieron allí encerrado en aquella cisterna, hasta que lo vendieron a unos mercaderes Ismaelitas y es posteriormente llevado a Egipto.

Pero, ¿Qué culpa tenía José de que fuera vendido y llevado a Egipto? Si sus hermanos lo hubieran dejado en aquella cisterna en medio del desierto lo más seguro, no iba a sobrevivir, así que entre todo lo malo, más adelante se comprueba que fue lo mejor que le pudo haber pasado. Dios había permitido todo esto para ejecutar un plan divino. Nada de esto estaba en sus sueños.

Cuantas veces nos encontramos en situaciones donde tenemos que estar en una cisterna en medio del desierto, no porque así lo decidimos sino porque a alguien no le caímos bien o no les gustamos o simplemente por razones ajenas a nuestra voluntad. Como si fuera poco, estás en un desierto y para colmos, caíste (o te echaron) en una cisterna donde no encuentras salida. Pero dentro de todo lo negativo, así como le sucedió a José, como hijos e hijas de Dios, él siempre tiene un propósito y un plan que es mucho mejor que el nuestro. Isaías 55:8 "Porque mis pensamientos no son vuestros pensamientos, ni vuestros caminos mis caminos, dijo Jehová."

Una cosa que sucede cuando nos encontramos dentro de un pozo en el desierto, es que nos desesperamos. La desesperación nos hace cometer muchos errores. El Salmista David pudo experimentar este sentimiento en varias ocasiones por eso en Salmos 40:1-2 se expresa de la siguiente manera: "Pacientemente esperé a Jehová, Y se inclinó a mí, y oyó mi clamor. Y me hizo sacar del pozo de la desesperación, del lodo cenagoso; Puso mis pies sobre peña, y enderezó mis pasos." Él estaba confiado de que en su momento Dios iba a sacarle de ese poso de desesperación en el cual había caído. Esto lo podemos notar más adelante en el verso 17 donde dice así: Sal 40:17 "Aunque afligido yo y necesitado, Jehová pensará en mí." Tener la seguridad y confianza de que Dios no se olvida de nosotros, no importa dónde nos encontremos nos ayuda a esperar pacientemente en Él.

Para José, este tiempo en la cisterna en medio del desierto fue un tiempo breve. Como dijimos anteriormente, las cosas que le vendrían más adelante eran parte de un plan de Dios que sus hermanos y aun el mismo José desconocían, para preservarles la vida a ellos mismos. Mira cómo se relata ese encuentro y revelación de su identidad en Génesis 45:4-7 "Entonces dijo José a sus hermanos: Acercaos ahora a mí. Y ellos se acercaron. Y él dijo: Yo soy José vuestro hermano, el que vendisteis para Egipto. Ahora, pues, no os entristezcáis, ni os pese de haberme vendido acá; porque para preservación de vida me envió Dios delante de vosotros. Pues ya ha habido dos años de hambre en medio de la tierra, y aún quedan cinco años en los cuales ni habrá arada ni siega. Y Dios me envió delante de vosotros, para preservaros posteridad sobre la tierra, y para daros vida por medio de gran liberación." ¿Acaso no era este uno de los sueños que Dios le había dado a José? Recordemos que Dios le había mostrado el sueño de *las vacas gordas y las vacas flacas*. La actitud de sus hermanos al venderle, denotaba que no tenían revelación ni en lo más remoto ni creían que los sueños de José tenían un significado transcendental.

Es posible al Dios mostrarte un sueño o una revelación te toque pasar por momentos breves en un desierto y que de allí salgas a algo totalmente desconocido. Es que todo lo que el enemigo piensa que será para tu destrucción y que vas a desaparecer es parte de un plan mucho mayor de parte de Dios para tu vida. Dios te llevó por medio de un proceso para más adelante hacer de ti una mejor persona que serías de bendición a muchos que de otra manera morirían de hambre y necesidad espiritual.

Dios permite que seamos llevados al desierto por otras personas para sacar lo mejor de nosotros. Esos procesos inesperados pueden ser métodos usados por Dios para usarnos como canales de bendición. Por supuesto que José no permaneció como esclavo y después de algunas desventuras, llegó a convertirse en segundo al mando después de Faraón gobernador de Egipto (Génesis 41:40). Esto no lo decidió el, todo esto fue orquestado por Dios, para llevar su plan a cabo, porque Dios conocía el corazón de José.

Dios también conoce tu corazón. Es posible que en medio de todo lo que te esté sucediendo, pienses que las cosas no son justas porque eso no era lo que estaba en tus sueños. Dios siempre busca gente de corazón sincero para que se pongan en la brecha para salvar a otros. Él conoce tus fuertes y tus debilidades, sabe cuánto puedes resistir. Por eso no debes desmayar, Él es tu esfuerzo y tu ayuda. Aunque la visión tardare y no veas tus sueños hechos realidad y sigue siendo fiel y a su tiempo Dios hará su obra en ti y se ha de glorificar en tu situación.

El libro de Isaías dice en el capítulo 41 verso 18 que Dios ha de abrir estanques de aguas en el desierto. Es posible que muchas personas que tu conozcas pasen por el mismo desierto que te tocó pasar a ti, sin embargo, como hijos de Dios nos aferramos a sus promesas y ese desierto que para muchos es de muerte para ti será para preservación de vida.

Es natural que nos desesperemos cuando no podemos entender el porqué de muchas cosas que suceden. Siempre digo que nuestra mente finita nunca puede penetrar en la mente de Dios para entender las cosas que Él hace. Las limitaciones humanas nos impiden caminar sobre lo invisible. Nos estancamos y como que no podemos asimilar muchas cosas. Talvez nos preocupamos y buscamos diligentemente una solución con nuestras propias fuerzas utilizando todos los medios disponibles lo cual resulta infructuoso. Con frecuencia me he dado cuenta de que de no haber pasado por ese proceso, las cosas no hubieran resultado positivamente. Es menester entregar estas incógnitas de la mente en sus responsables manos y dejar que Él tome el control de la situación o el problema. Por eso hoy Jesús te dice como le dijo a Pedro en Juan 13:7 "Lo que yo hago, tú no lo comprendes ahora; más lo entenderás después."

Cuando Dios nos Sorprende en el desierto

Moisés estaba apacentando las ovejas de su suegro y cruzó el desierto hasta el monte Horeb, el monte de Dios. Al llegar allí, notó una zarza (arbusto) que ardía en fuego pero no se consumía. Lo curioso de la zarza no era que estuviese ardiendo, porque esto era algo que ocurría regularmente en el desierto, lo curioso era que no se consumía, es decir no se quemaba del todo. Cuando se acercó a mirar la zarza, se le apareció el Ángel de Dios paseándose en medio del fuego. Ahora sí que Moisés quizás queda perplejo, pues más que una zarza ardiente era el encuentro con el Ángel de Dios. Las cosas de Dios muchas veces parecen no tener sentido, pero los propósitos de Dios son definidos.

Es ahí, en esa escena, donde Dios se le revela a Moisés y le hace un llamado contundente por medio de una visión. Dios escoge a Moisés como el caudillo Hebreo para liberar a Su pueblo Israel que estaba esclavizado en Egipto. Se entiende que los hijos de Dios habían habitado en Egipto por espacio de cuatrocientos treinta años y que poco a poco a causa de su desobediencia se convirtieron en esclavos. Ahora, no solo le hace Dios un llamado a Moisés, que debía sacar al pueblo de Israel de Egipto, pero también le hace promesas de provisión y dirección, demostrando su total respaldo en esta encomienda que estaba depositando sobre él. Moisés conocía la voz de Dios y también conocía la casa de Faraón. Él sabía el reto que tenía por delante y lo que iba a enfrentar al llegar a la casa de Faraón.

Quiero que vayamos un poco más adentro de la misión que Dios la había delegado a Moisés. Es importante entender que aunque Dios se le revela en visión, el llamado se revela al oído y no la vista. *Porque por fe andamos y no por vista.* Dios conoce el corazón de un adorador y lo utiliza para entregarle grandes tareas. Sí, recuerda Moisés cruzó aquel desierto para llegar al monte de Dios, para adorar. Sus planes eran hasta ahí, él iba a adorar a Dios, no aspiraba a tanto, ni tampoco se imaginaba en lo más remoto lo que allí habría de suceder. Muchos de los grandes líderes cristianos de la historia, los cuales Dios ha usado grandemente para su gloria, fueron llamados en momentos de encuentros intensos con Dios.

En el sentido espiritual, muchas veces nos toca pasar por un desierto para poder llegar al monte de la adoración. Personalmente, muchas veces al postrarme en oración tengo que reconocer que estoy cruzando por medio de un desierto seco donde me toca humedecerlo con lágrimas de mis ojos, con alabanza y con adoración para poder sentir la presencia de Dios. Son breves momentos desertares que tenemos que cruzar para conquistar el monte de adoración. Así es cuando cruzamos el desierto espiritual en nuestras vidas. Cuando coronamos el monte de la adoración, nos damos cuenta de que Dios comienza manifestarse en diferentes formas y vemos su mano maravillosa tomando control de las cosas adversas en nuestras vidas. En ese momento coloquial de intimidad con Dios, Él nos manifiesta su amor y nos confía tareas especiales. Aunque a veces nos toca someternos a algo o alguien donde no deseamos estar, esto es parte del proceso de madurez para adquirir un mayor beneficio y cumplir con el llamado o asignación que se nos está otorgando.

Moisés no tenía ni la menor idea de que al usar un "desvió" por medio del desierto con las ovejas para llegar al monte de Dios, iba a presenciar aquel espectáculo tan hermoso. Podrás imaginarte un ángel paseándose en medio de una zarza en medio del fuego que no se consumía. Talvez, se limpiaba la vista para poder ver mejor y no podía creer lo que veían sus ojos. La realidad es que nuestra vista humana es tan limitada que muchas veces no puede percibir lo que Dios nos está queriendo mostrar. Muchas veces nos entretenemos en el camino porque no queremos llegar al monte de adoración, nos encontramos tantos pretextos y excusas para mantenernos donde estamos porque no queremos pasar el desierto. El enemigo siempre tratará de poner obstáculos en el camino al monte de adoración a Dios. Él sabe que cuando voluntariamente decidimos cruzar aquel desierto de pereza, de cansancio, de indiferencia espiritual y de desdén, comenzamos a experimentar la gloria de Dios a otro nivel. No hay nada más poderoso contra el enemigo, que una persona en las manos de Dios. Podemos estar seguros que Dios nos esta perfeccionando para que emprendamos grandes cosas en El. No podemos quedarnos estancados, Dios quiere gente que le crea a él. Aunque la visión parezca abstracta o absurda, para Dios tiene gran significado y es totalmente clara. Solo debes animarte a cruzar ese desierto que hay entre tú y el monte de adoración a Dios.

La escuela más grande de Moisés se encontró en el desierto. Las lecciones y experiencias adquiridas en medio del desierto una y otra vez, le aseguraban que Dios estaba con él así como lo había prometido. Cuando Dios se le reveló, este no volvió a ser el mismo. Aun con sus impedimentos, con su defecto en el hablar, y sin-número de excusas, Dios se provee de una solución trayendo a su ayudante, su hermano Aarón. En Éxodo capítulo 4, verso 27, Dios instruye a Aarón a salir a buscar a Moisés al desierto. Es posible que Dios te esté poniendo gente a tu lado que te han de ayudar a salir adelante con todo lo que Él ha puesto en tu corazón, o todo aquello que te ha sido revelado.

Muchos lugares que consideramos desiertos pueden venir a ser la bendición más grande para nosotros. No podemos sentirnos castigados ni cuestionar a Dios, sino entrar en el centro de obediencia para que Él tenga nuestra atención y podamos recibir la revelación que él está dispuesto a darnos por su Palabra. En 2 Corintios 4: 17-18, el Apóstol Pablo nos lo expresa de la siguiente manera: "Porque esta leve tribulación momentánea produce en nosotros un cada vez más excelente y eterno peso de gloria; no mirando nosotros las cosas que se ven, sino las que no se ven; pues las cosas que se ven son temporales, pero las que no se ven son eternas." Es importante entender que las pruebas y tribulaciones que sufrimos en esta vida son algo temporal. Afianzando nuestra fe en Dios podemos proyectarnos hacia las cosas que son eternas y vivir en esperanza contra esperanza. Lo que significa es que estamos en espera de que de alguna forma Dios tiene una salida y Él siempre quiere lo mejor para aquellos que le aman.

He conocido personas que me han sido de gran inspiración. Muchas veces me encuentro con gente que están afectados por alguna enfermedad terminal y aun en medio de su dolor y enfermedad (su desierto), ellos mantienen una actitud positiva y su fe en Dios sigue en pie. Por otro lado, he conocido personas que están perfectamente bien y en el primor de sus vidas pero constantemente mantienen una actitud negativa y no dejan de quejarse. Estas personas infunden desánimo y tristeza a los que le rodean.

En los años 60's, mi madre siendo recién convertida al Señor es diagnosticada con la enfermedad infecciosa más mortal del mundo de aquel tiempo, la tuberculosis. Estaba totalmente infectada en los dos pulmones. Su estado era tal que no había esperanza de vida, simplemente esperar hasta la muerte. Siendo casada, madre de tres hijos, fue admitida a un sanatorio en Puerto Rico. Puedes imaginarte la triste escena que invadía su corazón. Pensar que jamás podría regresar a su casa y vivir una vida normal de familia. Siendo que era nueva en los caminos del Señor, ella desconocía mucho de la Palabra y de las promesas de Dios. No obstante, ella había experimentado la llenura del Espíritu Santo, lo que le impartía un nivel de confianza de que Dios había de hacer algo con ella en medio de su desierto. Cuando el Espíritu Santo mora en nuestra vida, la paz de Dios nos arropa en medio de toda circunstancia negativa que lleguemos a experimentar. Recién llegada a aquel lugar, ella le pide a Dios que le dijera cual era la razón por la cual había llegado allí. Al abrir la Biblia, le dijo –"Háblame Señor". Inmediatamente, Dios la lleva a Éxodo 15:26, "y dijo: Si oyeres atentamente la voz de Jehová tu Dios, e hicieres lo recto delante de sus ojos, y dieres oído a sus mandamientos, y guardares todos sus estatutos, ninguna enfermedad de las que envié a los egipcios te enviaré a ti; porque yo soy Jehová tu sanador."

Estas palabras calaron fuerte en su mente y en su corazón. Ella se aferró a esta promesa. Indagó más profundo sobre cuáles eran las enfermedades que experimentó el pueblo de Egipto y se dio cuenta de que "Tisis" fue una de esas enfermedades, esta se aplica para designar cualquier padecimiento que debilita y consume, en especial, para referirse a la tuberculosis pulmonar, enfermedad que por lo general se considera lo mismo que ella tenía.

Parece haber una ambigüedad en esto, Dios le está diciendo que si era fiel, ella no iba a padecer ninguna enfermedad, específicamente esta que le estaba azotando, pero ya ella estaba enferma. Esto es cuestión de fe. Cuando los médicos han dado su diagnóstico final, es cuando Dios se ha de glorificar. Dos pulmones totalmente infectados indicaban que no había solución, solamente tomando medicamentos para prolongar la vida por un poco de tiempo.

Tu situación presente no debe ser un estado permanente. Cuando somos llevados al desierto sin procurarlo, es porque Dios se ha de glorificar en manera poderosa en nuestra vida. Abraham, el padre de la fe tuvo que experimentar varios desiertos. Dios lo sacó de su tierra y de su parentela sin que éste supiera hacia donde iba. El creyó esperanza contra esperanza, porque él sabía quién era el que lo había llamado.

Siempre que tuve la oportunidad me deleitaba en los testimonios que mi madre contaba de las cosas grandes que Dios hizo en aquel sanatorio. Desde el momento en que Dios habló a su vida por esta palabra, mi madre se apropió de ella. Pienso que su corazón se alegró, su semblante cambio y su actitud definitivamente fue otra. Ella se consideró sana desde el primer momento que recibió esta promesa de Dios en su corazón. Tanto así, que cuando le traían los medicamentos, ella los guardaba debajo de su lengua y los tiraba en la basura, tan pronto la enfermera se iba de la habitación.

No pasó mucho tiempo, allí en el sanatorio conoció a algunas compañeras de sala. Entre las cuales se distinguían las que vinieron a ser sus amigas, Paquita, María y Lumi. Eran las que ella siempre mencionaba. Este grupo se convirtieron en sus fieles compañeras de oración. Al llegar las nueve de la noche, se apagaban las luces pues todas debían de irse a dormir. Sin embargo, ellas tenían otros planes. Mi madre le había hablado al conserje que limpiaba los baños y le había pedido que le mantuviera una esquina limpia y libre de todo, para ellas ir todas las noches a postrarse allí a orar a Dios. Estas cuatro mujeres eran fiel en la oración noche tras noche, mientras todos dormían, ellas se dirigían hacia la esquina en el baño a orar.

Una y otra vez, Dios se manifestaba en aquel lugar en manera especial. Ellas comenzaron a evangelizar a los otros pacientes en el hospital. Muchos de ellos habían conocido a Dios, pero debido a la enfermedad estaban "fríos" y no buscaban de Dios. Ella hablaba con denuedo y enseñaba la palabra. Aquel grupo fue creciendo. Un día mi madre se dirigió a los directores del sanatorio y les pidió que les permitieran tener culto los domingos. Ellos lo aprobaron, así que comenzaron a invitar pastores y misioneros para que les enseñaran la palabra y adoraban a Dios con libertad. Fueron numerosos los testimonios que a diario se escuchaban de lo que Dios estaba haciendo con aquellos pacientes. Si bien es cierto que muchos de los pacientes no sobrevivían aquella horrible enfermedad, lo importante es que si morían, morían salvos. Además, muchos eran sanados y dados de alta, los cuales con su testimonio continuaban predicando el evangelio.

Había dos salas en aquel sanatorio, la sala de mujeres y la de los varones. Pero aunque estaban limitados, se les permitía reunirse los domingos en el servicio de adoración a Dios.

Un pequeño incidente que ocurrió a principio de las mujeres comenzar a evangelizar fue el de un hombre joven que había sido un líder en su iglesia. Debido a su enfermedad, este joven había perdido su interés por servirle a Dios. Un día mientras éste se encontraba disfrutando un cigarrillo en el balcón de la sala de hombres, mi madre alcanzó a verlo desde la sala femenil y le dijo: "Dios te bendiga, joven." Ese saludo sencillo, causó que aquel joven tirara el cigarrillo. Según su testimonio, sintió repulsión inmediata por aquel vicio. Él decía que aquel saludo retumbó en sus oídos como si viniese del mismo Dios. Poco después, este joven se reconcilió con el Señor y fue sano.

Llamados a Adorar en el Desierto

Puedo decir que mi madre fue llevada al "desierto" de aquel sanatorio para adorar, para levantar un grupo de adoradores en medio de un desierto. No había lugar a duda, no había forma de retroceder, Dios estaba necesitando que ella se posicionara y aceptara el reto, lo que ella aceptó valientemente y con mucha humildad.

Muchos que han conocido a Dios, en el momento de su travesía en el desierto abandonan la adoración que Dios merece no importando su circunstancia. Esto denota evidencia de impiedad y falta de confianza total en Dios, como lo expresa Pablo en Romanos 1:21 "Pues habiendo conocido a Dios, no le glorificaron como a Dios, ni le dieron gracias, sino que se envanecieron en sus razonamientos, y su necio corazón fue entenebrecido."

El motivo principal por el cual Dios libertó al pueblo de Israel de la esclavitud en Egipto era para que le adorara en el desierto. Como vemos en Éxodo 5:1 "Después Moisés y Aarón entraron a la presencia de Faraón y le dijeron: Jehová el Dios de Israel dice así: Deja ir a mi pueblo a celebrarme fiesta en el desierto." Así precisamente sucede muchas veces cuando estamos siendo oprimidos por el enemigo. La transición de la opresión hasta el desierto puede parecer algo contra producente, ya que alguien diría es "ir de mal en peor". Pero ese no es necesariamente el caso, recuerda que *siempre la noche es más oscura, justo cuando va a amanecer*. No nos podemos rendir en el proceso de espera o en medio de la transición. Hay veces que oramos por sanidad y parece que empeoramos, otras veces oramos por un familiar inconverso y parece que éstos se alejan más de Dios. Es que los procesos de Dios no se acomodan a caprichos ni deseos humanos. En su soberanía El procede como quiere, cuando quiere y con quien quiere para cumplir su propósito.

Cuando estudio y medito en la historia del pueblo de Dios, me hago muchas preguntas, que quizás hasta tú mismo te has hecho. Me pregunto: ¿Por qué razón se encontraba aquel pueblo bajo esclavitud? Después de todo, cuando ellos llegaron a Egipto no eran esclavos y habían recibido tierras y posesiones de la mano de Faraón a través de José. La respuesta a esta pregunta es que ya habían pasado muchos años y el pueblo se había acomodado al estilo de los egipcios alejándose de Dios, lo que les causó el caer en la esclavitud. Es lo mismo que nos sucede cuando le damos la espalda a Dios y nos acomodamos a los sistemas de este mundo, poco a poco nos convertimos en esclavos del pecado. Comenzamos a adoptar prácticas y actitudes que desagradan a Dios. Dios anhelaba que su pueblo regresara a Él por medio de la adoración para luego entrarles en la tierra prometida. Se estima que el tiempo que le debió haber tomado a Israel para cruzar el desierto y llegar a la tierra prometida debía haber sido algunos tres días de camino. Sin embargo, según la historia permanecieron en el desierto cuarenta años.

En lugar de que la condición de mi madre le llevara a la murmuración, indiferencia y la alejara de Dios, su situación la condujo a acercarse a la presencia de Dios a través de la adoración y búsqueda en oración.

Un día mientras las pacientes cristianas estaban orando en el baño de aquel sanatorio, descendió el Espíritu Santo y habló por medio de Paquita, a una de las compañeras de oración llamada Lumi, diciendo que Dios habría de sacarla de ese lugar, totalmente sana para que predicara las buenas nuevas de salvación por medio de su testimonio. Para que esto sucediera, tendría que ocurrir un milagro ya que científicamente, esto era algo totalmente imposible pues Lumi había sido intervenida quirúrgicamente varias veces y los doctores le habían asegurado que no sobreviviría otra hemoptisis. Tenía una herida en su vientre de su más reciente operación la cual se resistía a sellar. Su condición era muy delicada y severa. Pero ahora una Palabra de parte de Dios había sido hablada, una palabra de esperanza y de fe. Estas mujeres eran testigo de lo que Dios hablaba y se gozaban cuando Él se dejaba sentir en aquel pequeño grupo.

Pocos días más tarde, a la hora del desayuno, mi madre con su bandeja en mano, escucha una comulación de voces de mujeres y le traen la noticia:–"Lumi está sangrando por la herida." Mi madre se consterno momentáneamente y pregunta a Dios –"¿Cómo es posible, Señor?" Su mente recordaba la promesa de Dios y la palabra hablada hacia Lumi mientras ellas oraban. En medio de aquella incógnita, la respuesta no se dejó esperar cuando ella repentinamente escucha la voz de Dios susurrar a su oído diciendo:–"Es para que mi nombre se glorifique." Ella entonces, soltó su bandeja de desayuno y salió corriendo hacia la habitación donde estaba Lumi. Allí estaba rodeada de muchos doctores y pacientes curiosas. Los doctores ya no podían hacer nada por Lumi, alguno de ellos sostenía una sábana blanca en sus manos para simplemente cubrirla cuando ella expirara. Eran momentos muy intensos y dolorosos. Repentinamente, mi madre se abrió paso entre aquellas personas y se sentó a la orilla de la cama de Lumi. Le tomó ambas manos entre las de ella y le expresó:–"Lumi, Lumi, ¿en quién tú has creído?" Luego le dice:–"repite conmigo el Salmo 23."

Fueron minutos que talvez parecían horas, cuando de repente aquella mujer moribunda abrió sus ojos y sus labios repetían la última parte del Salmo 23, comenzando en el verso 4: "aunque ande en valle de sombra de muerte, no temeré mal alguno, porque tu estarás conmigo." Ella miró a todos a su alrededor. Todos estaban perplejos por lo que habían presenciado por sus propios ojos. Lumi entonces habló y dijo:–"yo iba por un túnel que tenía una luz al final la cual yo iba siguiendo. De repente, escuché la voz de Ana Elsie (mi madre) que me llamaba y dije, tengo que regresar."

Lumi también testificó lo que ellos ya habían visto, en esta forma:–"Sentí que una mano gigantesca se introdujo en mi vientre y cerró la herida como una llave de agua potable." A vista de todos, la herida estaba totalmente sellada y sin flujo alguno de sangre ¡Gloria a Dios!! Aquellos doctores estaban atónitos. Simplemente dijeron, refiriéndose a mi madre y las otras mujeres creyentes que estaban allí:–"Solo un milagro del Dios a quien ustedes sirven pudo hacer todo esto." Este testimonio se regó por todo el sanatorio y otros pacientes aceptaron al Señor Jesús como su salvador y Señor.

Poco tiempo después, Lumi fue hallada totalmente sana y fue dada de alta de aquel sanatorio. Su ministerio se extendió a varios países donde ella pudo llegar a predicar el evangelio, como Dios había hablado en aquel pequeño baño.

Esto me lleva al 1er libro de Samuel capítulo 23 donde encontramos a David huyendo de Saúl y refugiado en un desierto. David encontraba refugio en el desierto. Estos desiertos lejos de su casa le permitían conectarse con Dios por dirección. En más de una ocasión vemos como David entonaba Salmos con su arpa en alabanza y adoración a Dios mientras se encontraba huyendo de sus enemigos.

Dos principios que nunca debemos olvidar: Primero: Una adoración genuina provocará armonía y unidad entre los hijos de Dios y traerá respuesta a nuestras peticiones. El Salmos 22:3 dice que Dios se pasea en medio de las alabanzas de su pueblo. Segundo: Nuestra adoración depende de nuestra actitud a Dios y nuestra atención a su Palabra.

El sentido original de la palabra "adoración" en la Biblia es "servicio", como lo indica el Hebreo *histáh-wá* y el griego *proskineo*. Estos términos se aplicaban al servicio que los esclavos rendían a sus amos, para lo cual se postraban mostrando reverencia y temor. Por lo tanto, la adoración cristiana debe ofrecerse con una actitud de humildad, reverencia y obediencia. Al examinar nuestras vidas debemos pedir al Espíritu Santo que quite todo aquello que estorbe nuestra adoración a Dios. Isaías 33:6 nos dice que el temor de Jehová es un tesoro. Pudiera darse el caso de que no nos hayamos dado cuenta de que nuestra actitud hacia Dios y hacia su Palabra no estén totalmente alineadas con la voluntad de Dios. Si este es el caso, podemos rectificar nuestra actitud ahora y ofrecerle una alabanza genuina de nuestro corazón, aprovechemos la oportunidad.

La adoración no se limita a estar en cierta posición, lugar o simplemente entonar canticos de alabanzas de gratitud. La adoración a Dios va mucho más profundo que esto. Como siervos de Dios altísimo, todo lo que hagamos debe envolver adoración y respeto hacia Dios. Si no estamos siendo reverentes a su Palabra, el orgullo y la prepotencia pueden venir a entronarse en nuestro corazón y nos convertimos en adoradores de labios, más no de corazón. Juan 4:23 "Mas la hora viene, y ahora es, cuando los verdaderos adoradores adorarán al Padre en espíritu y en verdad; porque también el Padre tales adoradores busca que le adoren."

A Solas en el Desierto

En el himno "*A solas al huerto yo voy*" el escritor señala la importancia de salir a un lugar solitario para escuchar la voz de Dios. Esos momentos son los que nos dan el sentido de seguridad, protección y fe. Momentos que debemos disfrutar Su compañía y sus caricias aprovechando la oportunidad cuando se nos brinda.

En el sentido natural sabemos que Dios creó al hombre para estar en compañía de otros seres humanos. La soledad debería ser una excepción para muchos. No es lo mismo estar solos que sentirse solos. He conocido muchas personas que aunque están rodeados de gente por lo general son gente solitaria. También hay muchos que prefieren estar solos, mientras otros se alejan por temor a que le hagan daño, quizás por previas experiencias negativas. Creo que no hay soledad más triste que aquella que experimentamos cuando todos nos abandonan, cuando parece que no le importamos a nadie, aunque no sea por voluntad propia. Ese momento que te encuentras rodeado de personas que no te entienden, no te respetan o que te hacen a un lado como algo que no tiene valor, estas cosas nos hacen aislarnos. Poco a poco, sin percatarnos nos podemos volver en ermitaños espirituales.

Es muy triste ver a personas que en un tiempo estuvieron rodeadas de muchos, pero quizás por una mala acción o conducta hicieron alejar a todos de su alrededor y hoy les ha tocado vivir solos, alejados y sin nadie a quien acudir.

La palabra desierto también implica ausencia de algo, o de alguien. Puede convertirse en sinónimo de soledad. No obstante, la soledad en medio de tu desierto puede convertirse en una oportunidad. Si llegaste al desierto de la soledad sin procurarlo, es que posiblemente Dios este llamando tu atención. Cuando estamos en medio del bullicio y del gentío, se nos complica el escuchar la voz de Dios. Los afanes de la vida nos distraen y nos desenfocan de aquello que Dios quiere hacer por nosotros, con nosotros y en nosotros. De repente nos encontramos en una soledad total. Ministerialmente puedo dar fe de esto ya que muchas veces parece que nadie se acuerda de nosotros. Comenzamos a pensar que ya no nos invitan a compartir y mucho menos a participar en eventos. Esos momentos cuando el enemigo se aprovecha para hacernos pensar que nos han echado al olvido. Mientras que hay veces que nuestra agenda cargada no nos da tiempo ni tan siquiera para estar a solas con Dios. Debemos aprender a aceptar cada temporada que se nos brinda aun en la soledad, para dar lo mejor de nosotros para la gloria de Dios.

Muchas veces Dios nos saca al desierto para separarnos de personas y cosas que nos están haciendo daño en nuestro propósito y caminar con él. No debemos forzar la búsqueda de compañía, amistades o gente que Dios ha sacado de nuestro camino, por miedo a estar solos. Es en medio de la soledad cuando podemos escuchar el sonido de la voz de Dios. De vez en cuando debemos anhelar momentos de soledad para conectarnos con Dios. Cuando buscamos la dirección de Dios sin cuestionar podemos ver más allá y darnos cuenta hacia donde Él nos está dirigiendo.

Me imagino el sentir de mi madre cuando llegó a aquel sanatorio, lejos de su casa. No podía acariciar a sus hijos ni a su esposo, no podía sentarse a platicar con los seres que más amaba, había sido separada en una forma tan abrupta que no tuvo ni tiempo para asimilar, ni aceptar lo sucedido. A pesar de toda esta soledad y separación de la familia, ella tuvo la valentía para no rendirse. Pudo volver su rostro a Dios y así equiparse para su asignación en aquel lugar. Pienso que siendo nueva convertida en medio de la congregación donde ella estaba jamás hubiera desarrollado un ministerio de evangelista como lo pudo hacer dentro de aquellas cuatro paredes. Dentro del ámbito ministerial no es considerado "normal" que una persona de apenas meses de convertido venga a ser un líder de grupo como lo vino a ser ella y mucho menos siendo una mujer en los años de los sesentas, no era muy común ser una líder de un ministerio.

La separación de nuestro entorno al llegar al desierto puede representar una oportunidad para ser de bendición a otros. En el libro de Hechos capítulo 8, verso 26 en adelante se encuentra la interesante historia de Felipe y el eunuco Etíope, funcionario de la reina de Candace. Felipe estaba en un gran avivamiento, rodeado de gente, predicando el evangelio con denuedo, de repente Dios le lleva al desierto donde se encuentra con este hombre que iba en un carruaje y se encontraba leyendo el libro del profeta Isaías en un rollo. Felipe se acerca y le pregunta que si entiende lo que lee y éste le dice que como podría entender si no había quien le explique, fue así que Felipe le presentó el plan de salvación y convencido el hombre por la palabra recibió a Cristo en su corazón y fue bautizado.

En la actualidad, hay muchos hombres y mujeres que necesitan que se les explique el plan de salvación. Es posible que Dios te ha llevado a un desierto para que seas tú quien les hables y puedan aceptar a Jesús. En medio de ese desierto donde piensas que estas solo o sola, abre tus ojos y pídele a Dios que te muestre a esas vidas que tú has de bendecir. El enemigo quiere hacerte creer que estás solo o sola para desenfocarte del plan divino. No permitas que el egoísmo o auto compasión te atrapen en este desierto. Tú no estás solo, Dios está contigo. Él ha prometido que nunca te dejará ni te desamparará. Simplemente quiere usar tus talentos, tu experiencia, tu conocimiento y todo tu ser para que puedas alcanzar a otros para el reino de los cielos. Hay muchas personas en medio del desierto de la soledad que están buscando, esperando y pidiendo a Dios por alguien como tú, que les traiga una palabra de aliento y de esperanza.

Soporta la Tentación

Cuando estamos en el desierto somos propensos a tropezar con ilusiones, espejismos y pensamientos nublosos. La intensidad de calor, frio, hambre y necesidad de mitigar lo que tanto necesitamos nos tienta a olvidar lo correcto y tomar decisiones sin pensar.

Cuentan que un hombre estaba perdido en el desierto, a punto de morir de sed, cuando llegó a una casa vieja, una cabaña que se desmoronaba, sin ventanas, casi sin techo, muy golpeada por el tiempo.

El hombre deambuló por allí y encontró una pequeña sombra donde se acomodó, huyendo del calor del sol desértico. Mirando alrededor, vio una bomba de agua a algunos metros de distancia, muy vieja y oxidada. Se arrastró hasta allí, agarró la manija y empezó a bombear sin parar pero no ocurrió nada.

Desanimado, cayó postrado hacia atrás y notó que al lado de la bomba había una botella. La miró, la limpió y leyó el siguiente mensaje: "Primero necesitas preparar la bomba con toda el agua de esta botella y después que tomes el agua que necesitas, Haz el favor de llenar la botella otra vez antes de partir."

El hombre arrancó la rosca de la botella y, para su sorpresa, efectivamente tenía agua. ¡La botella estaba casi llena de agua! Pero de repente, el hombre se vio en un dilema: Si bebía el agua podría sobrevivir, pero si derramaba el agua en la vieja bomba oxidada, quizá obtuviera agua fresca, bien fría, allí en el fondo del pozo, toda el agua que quisiera y podría llenar la botella para la próxima persona. Pero quizás eso no iba a salir bien. ¿Qué debería hacer? ¿Derramar el agua en la vieja bomba y esperar que saliera el agua fresca y fría o beber el agua vieja y salvar su vida? ¿Debería perder toda el agua que tenía en sus manos y confiar en aquellas instrucciones que parecían poco confiables, escritas quién sabe cuándo?

Finalmente, con temor y un poco dudoso, el hombre derramó toda el agua en la bomba. Enseguida, agarró la manija y empezó a bombear insistentemente. De repente la bomba empezó a chillar. ¡Pero nada ocurrió! Continuó moviendo la manija y la bomba continuaba haciendo aquel ruido chillón. Después de haber agotado sus fuerzas, se da cuenta de que un hilito de agua comenzaba a salir de la bomba; después un pequeño flujo, luego un chorro más grande y finalmente el agua brotó en abundancia. La perseverancia de aquel hombre había logrado muy buenos resultados. A veces nos queremos rendir cuando nos toca ser fuerte o trabajar por la bendición. Pero al ser fiel, somos recompensados.

Quizás alguna vez has escuchado la historia de Jesús cuando fue llevado por Espíritu al desierto para ser tentado por el diablo. Cuenta el libro de San Mateo capítulo 3 que Jesús fue a ser bautizado por Juan el bautista y cuando salió del agua el Espíritu Santo se manifestó en forma de paloma y se escuchó una voz del cielo que decía, "Este es mi hijo amado en quien tengo complacencia". Dios mismo hizo presencia en ese acto tan sublime, aquí se manifiesta la trinidad de Dios, el Padre, el Hijo y el Espíritu Santo. ¡Que escena más hermosa! Dios mismo confirmando a su hijo amado.

Después de aquel maravilloso acto, Jesús estuvo en ayuno por cuarenta días y noches y fue llevado al desierto para ser tentado por el diablo. Allí en el desierto, el enemigo se le presenta para tentarlo en tres diferentes formas. Notemos la primera tentación, "Y vino a él el tentador, y le dijo: Si eres Hijo de Dios, dí que estas piedras se conviertan en pan." La tentación vino por la necesidad inmediata, ya que Jesús tenía hambre. El enemigo aprovecha nuestra necesidad inmediata para presentarnos opciones atractivas a los ojos pero no aprobadas por Dios. La segunda tentación es cuando lo lleva al pináculo del templo "le dijo: Si eres Hijo de Dios, échate abajo; porque escrito está: A sus ángeles mandará acerca de ti, y, en sus manos te sostendrán, Para que no tropieces con tu pie en piedra" insinuándole suicidio ya que éste sabía que si lograba que Jesús se lanzara de aquel lugar, frustraría el plan de redención de Dios para el hombre. Igualmente nosotros somos tentados muchas veces a pecar para que el propósito y plan de Dios en nuestra vida y para nuestras familias sea frustrado. Finalmente trata de seducirlo por medio de la gloria y posesiones pasajeras de este mundo, "Otra vez le llevó el diablo a un monte muy alto, y le mostró todos los reinos del mundo y la gloria de ellos y le dijo: Todo esto te daré, si postrado me adorares." Cuantas veces se nos presentan ofertas muy seductoras de engrandecimiento, riquezas o adquisición de bienes materiales, cosas que a la vista son atractivas para muchos pero que conducen al pecado y condenación eterna. Proverbios 20:21 dice: "Los bienes que se adquieren de prisa al principio, No serán al final bendecidos."

Conociendo esta historia, no debemos sorprendernos cuando constantemente la tentación se nos presenta en diferentes formas, porque el mismo Jesús fue tentado en todo. Hebreos 4:15 "Porque no tenemos un sumo sacerdote que no pueda compadecerse de nuestras debilidades, sino uno que fue tentado en todo según nuestra semejanza, pero sin pecado."

Hay tres principios que quiero resaltar acerca de la tentación y estos se encuentran en el libro de Santiago capitulo uno. <u>La Primera</u> es que somos bienaventurados cuando soportamos la tentación (vs.12) "Bienaventurado el varón que soporta la tentación; porque cuando haya resistido la prueba, recibirá la corona de vida, que Dios ha prometido a los que le aman." <u>La segunda</u> es que Dios no tienta a nadie (vs.13) "Cuando alguno es tentado, no diga que es tentado de parte de Dios; porque Dios no puede ser tentado por el mal, ni él tienta a nadie" y <u>la tercera</u> es que cada uno es tentado de los deseos desordenados de la carne (vs. 14) "sino que cada uno es tentado, cuando de su propia concupiscencia es atraído y seducido."

Es importante entender que Jesús combatió cada una de estas tentaciones usando el arma más poderosa que tiene todo creyente, la Palabra de Dios, diciendo "Escrito Está". Hebreos 4:12 dice: "Porque la palabra de Dios es viva y eficaz, y más cortante que toda espada de dos filos; y penetra hasta partir el alma y el espíritu, las coyunturas y los tuétanos, y discierne los pensamientos y las intenciones del corazón."

Cada uno de nosotros hemos sido tentados (y seguiremos siendo tentados) por el enemigo. Si estamos desprotegidos, sin la armadura de Dios, estamos propensos a caer en medio del desierto. No es pecado ser tentado, el pecado es cuando cedemos a la tentación. El enemigo lanza dardos de fuego a nuestra mente constantemente. No podemos entretener pensamientos que nos induzcan al pecado y a desobedecer a Dios. Cuando seas tentado, utiliza las armas de milicia que Dios ya te ha provisto. Cuando un soldado es llevado al ejercito debe pasar por un entrenamiento intenso en donde se le enseña a utilizar las armas con las que ha de combatir al enemigo. Así mismo, cada creyente debe interesarse por conocer la Palabra de Dios para poder combatir los dardos de fuego del maligno. Contra-resta toda tentación con la Palabra de Dios. Debemos estar equipados y armados debidamente en todo tiempo, no solo estudiar la Palabra de Dios, sino también conocerla y saber aplicarla debidamente. Después de salir victoriosos de las tentaciones es cuando en realidad se exhibe y se enriquece el carácter de la persona, como vemos en Hebreos 12:11 "Es verdad que ninguna disciplina al presente parece ser causa de gozo, sino de tristeza; pero después da fruto apacible de justicia a los que en ella han sido ejercitados."

Es posible que hayas sido llevado al desierto y también estés siendo tentado o tentada. En Efesios 6: 11-18 encontramos la receta perfecta para contra restar los ataques de Satanás en medio del desierto. "Vestíos de <u>toda</u> la armadura de Dios, para que podáis estar firmes contra las asechanzas del diablo. Porque no tenemos lucha contra sangre y carne, sino contra principados, contra potestades, contra los gobernadores de las tinieblas de este siglo, contra huestes espirituales de maldad en las regiones celestes. Por tanto, tomad <u>toda</u> la armadura de Dios, para que podáis resistir en el día malo, y habiendo acabado todo, estar firmes. Estad, pues, firmes, ceñidos vuestros lomos con la verdad, y vestidos con la coraza de justicia, y calzados los pies con el apresto del evangelio de la paz. Sobre todo, tomad el escudo de la fe, con que podáis apagar todos los dardos de fuego del maligno. Y tomad el yelmo de la salvación, y la espada del Espíritu, que es la palabra de Dios; orando en todo tiempo con toda oración y súplica en el Espíritu, y velando en ello con toda perseverancia y súplica por todos los santos." Es necesario aprender a reconocer y defender nuestra herencia espiritual, luchando valientemente contra el enemigo. Una de las razones por las cuales Dios permitió que los pueblos paganos permanecieran en Canaán fue para que el linaje de los hijos de Israel conociese la guerra según vemos en Jueces 3:2. ¿Cómo podríamos disfrutar momentos de paz si no hemos conocido la guerra? ¿Cómo podemos disfrutar los tiempos de refrigerios si no nos sentimos vencedores en medio de las luchas y de las tentaciones?

Confrontados por el Amor

El libro del profeta Oseas fue escrito para mostrar el amor y la fidelidad de Dios hacia el pueblo de Israel. También sirve como una advertencia para aquellos que le dan la espalda a un Dios de amor. A través de la presentación simbólica de Oseas con una mujer pecadora llamada Gomer el amor de Dios es revelado en una rica metáfora referente al pecado, juicio, misericordia y un amor infalible que perdona a su pueblo. Me llama mucho la atención como Dios no se da por vencido al ver a su pueblo en un desvarío tras dioses ajenos y prácticas paganas. Aquí el amor y la fidelidad de Dios se presentan en el sufrimiento de un esposo por su mujer infiel.

En Oseas 2:14 dice: "Pero he aquí que yo la atraeré y la llevaré al desierto, y hablaré a su corazón." ¡Que hermosa expresión de amor de Dios hacia su pueblo! Hay veces que Dios nos tiene que llevar al desierto para tratar con nosotros y hablar a nuestro corazón. En medio de los afanes de la vida, muchas veces descuidamos nuestro amor hacia Dios. El estrés y la ansiedad amenazan con destruir los hogares de nuestros tiempos. Mientras Dios sigue bendiciéndonos, ignoramos sus caricias y sus atenciones que él tiene para con nosotros cada día. Muchos se han ido desviando en una forma sutil y han sido seducidos por el pecado e incitados a ser infiel a Dios. Dejando atrás a su amado, Jesús.

Estamos viviendo unos tiempos en que muchos creyentes que un día profesaron amar a Dios con todo su corazón, se han desviado de la verdad. Si bien es cierto que la presión global y los medios de comunicación y redes sociales son gran influencia en esta generación, vemos un gran deterioro moral y espiritual en muchos hogares denominados cristianos. Es muy triste ver como muchos hijos, nietos y familiares en general de grandes hombres y mujeres de Dios, hoy día le han dado la espalda a Dios. Esta epidemia de pecado arrasa con hombres y mujeres que un día disfrutaron del amor y la misericordia de Dios y hoy por hoy se encuentran apoyando y aceptando prácticas que son abominación a nuestro Dios de amor.

Cabe notar que muchos de los que visitan clínicas y consultorios médicos porque están padeciendo de afecciones psicosomáticas son personas denominadas como cristianos. Estos son afectados por problemas que se originan en la mente a consecuencia del estrés y las preocupaciones exageradas. Muchos psicólogos sugieren a sus pacientes que participen de un *retiro* o de alguna terapia en grupo. Esto puede ser de mucha ayuda para enfocar un poco en lo que está pasando y tomar tiempo para organizar sus pensamientos, pero esto resulta ser un remedio temporal a su problema. Es como poner una curita en una herida profunda. Según estudios realizados en años recientes, para analizar las consecuencias del exceso de trabajo y la obsesión por adquirir más dinero; Se determinó que por esa obsesión muchas personas comenzaron a desequilibrarse como resultado. Lo más extraño era que muchos se deprimían y no sabían por qué, ya que muchos habían alcanzado sus metas personales. El estudio arrojó que el exceso de estrés por llenar la vida con cosas materiales estaba produciendo una generación alienada y deprimida. Pero, más extraño aun es que esta situación está abarcando a muchos cristianos por su descuido espiritual. Eclesiastés 1:8 "Todas las cosas son fatigosas más de lo que el hombre puede expresar; nunca se sacia el ojo de ver, ni el oído de oír."

Hoy Dios está atrayendo a su pueblo al desierto para hablarle a su corazón. 1 Juan 1:9 "Si confesamos nuestros pecados, Dios, que es fiel y justo, nos los perdonará y nos limpiará de toda maldad." Dios anhela tener comunión con sus hijos. Hay personas que se les ha olvidado de donde Dios les sacó. Después de haber salido de situaciones adversas le han dado la espalda a Dios, así como lo hizo el pueblo de Israel una y otra vez. Se les olvidó todo lo que

Dios hizo por ellos y se tornaron a dioses ajenos. Así como Dios siempre estuvo dispuesto a perdonar y a recibir a su pueblo Israel, también está dispuesto y listo para cada uno de nosotros. Hoy Él te dice así en Oseas 13: 5 "Yo te conocí en el desierto, en tierra seca." Él estuvo contigo en el desierto, donde te faltaba la lluvia y parecía que ibas a fenecer.

Se dice que en los momentos difíciles es cuando se sabe quiénes son realmente tus amigos. Mientras el pueblo de Dios estaba en medio del desierto, Dios siempre les mostró su amor y nunca carecieron de nada. En medio de tu desierto, Dios no se olvida de ti. Él quiere llenarte de amor y suplir tus necesidades. Los amigos de este mundo podrán darte la espalda en el momento que más lo necesitas. Es posible que actúen como si ni te conocieran, pero Dios te conoce en medio del desierto y su mano sigue extendida hacia ti. ¡Cuán hermoso es tener la seguridad de que Dios nos ha de sacar victoriosos del desierto! Oseas 11:4 "Con cuerdas humanas los atraje, con cuerdas de amor; y fui para ellos como los que alzan el yugo de sobre su cerviz, y puse delante de ellos la comida."

¿Por que me dejó en el desierto?

Me imagino a David pastoreando sus ovejas, cuidando de ellas y de repente como que un espejo se desvela ante sus ojos y se mira a sí mismo como una oveja. ¿Una oveja?, porque no un oso o león a los cuales él había combatido y conocía las fuerzas que poseían. La razón es muy sencilla, David conocía al todopoderoso Dios y por lo tanto cuando se comparaba a Dios reconocía que como una oveja no es apta para cuidarse asimismo, necesita guianza, protección, dirección él también necesitaba de un Pastor "Jehová" que pudiera cuidar de el en los desiertos de la vida.

El muy conocido Salmo 23 nos presenta una clara imagen de un buen pastor de ovejas. El Salmista comienza a declarar e identificar quien es su pastor. En primer lugar reconoce que su provisión proviene de Dios, este es *Jehová Jireh*. Continúa con otros versos que declaran la dependencia y confianza total en Dios para cada área de su vida y para todas sus necesidades.

El distinguido ministro de música sacra, Manuel Bonilla canto una canción relatando la parábola de la oveja perdida titulada "*Soy la triste oveja*", en la parte del coro, dice: "*Las noventa y nueve dejó en el redil, y se fue al desierto a buscarme a mí.*" Sin embargo, mientras estudio esta historia en San Lucas capítulo quince, me doy cuenta de que el pastor deja las noventa y nueve ovejas en el desierto para ir a buscar aquella que se le había extraviado.

Entonces me pregunto: ¿Cómo es posible que deje las noventa y nueve en medio del desierto, un lugar totalmente desolado? Si el desierto representa cosas malas (como algunos muchos suelen asegurar), entonces, no tiene sentido este acto del buen pastor, pues se supone que el buen pastor (Salmo 23) hace descasar sus ovejas en delicados pastos y junto a aguas de reposo. Pensando en esto me vienen a la mente una cantidad de ideas y posibilidades. Es posible que el pastor dejó a las noventa y nueve en el desierto para ir a buscar a la que se había extraviado porque ya éstas estaban seguras y alimentadas, probablemente si el pastor las hubiera dejado en el lugar donde había pastos verdes y agua (la provisión) las ovejas estarían propensas de ser víctimas de otros animales depredadores que también llegaban a esos lugares a pastar y a tomar agua. Las ovejas son animales muy sociables y son aptas de vivir en varios tipos de terrenos y ambientes. Se pueden hallar en sabanas, prados, bosques, sistemas montañosos y desiertos o colinas. Cuando son apartadas de sus rebaños, las ovejas suelen estimarse muy estresadas, convocando a los demás miembros de su manada y golpeando el suelo. Me imagino que los validos de la oveja descarriada eran escuchados por el Buen Pastor.

Me miro al espejo y me veo como David se miró, como una oveja. Hay veces que nos toca esperar en el desierto porque hay una oveja que necesita ser rescatada por Dios. Jesús dijo a sus discípulos en Juan 10:16 "También tengo otras ovejas que no son de este redil; aquéllas también debo traer, y oirán mi voz; y habrá un rebaño, y un pastor." Esto me hace llegar a la conclusión de que mi estadía en el desierto siempre se trata de un propósito mayor, iniciado por el Pastor de Pastores.

Nos acostumbramos a permanecer en lugares de delicados pastos y protestamos cuando estamos en espera en medio del desierto. Si Dios te ha dejado en el desierto es por tu propio bien. Cuando nosotros creemos que las cosas de Dios no tienen sentido, tendemos a equivocarnos. Nuestro enfoque tiene que ser en aquella oveja perdida. En medio del desierto y la soledad debemos orar a Dios para que aquella ovejita sea rescatada y traída de nuevo al redil. ¡Que gozo es cuando vemos un alma regresar a los caminos del Señor! Dios siempre está trabajando a favor de las almas perdidas y esa debe ser nuestra meta como creyentes, ir a buscar a los perdidos. En 2 Pedro 3:9 dice que él no quiere que ninguno perezca, sino que todos procedan al arrepentimiento.

Como hablaba anteriormente respecto al testimonio de mi madre, ella fue llevada a aquel sanatorio lejos de su hogar (al desierto) para Dios poder usarla y alcanzar a otros pacientes por medio de su mensaje. ¿Qué hubiera sucedido si al igual que otros pacientes que habían llegado allí, ella se hubiese puesto a llorar y a deprimirse en vez de buscar dirección de parte de Dios para entender el propósito de Dios al haber llegado allí? Obviamente, muchos de los milagros de sanidad no hubiesen ocurrido y muchos de aquellos pacientes no hubieran escuchado el mensaje de las buenas nuevas de salvación. Finalmente, muchas almas perdidas no hubieran conocido del amor de Dios y la salvación que Cristo ofrece.

Debemos entender que no siempre se trata de nosotros. En medio del desierto hay que cambiar el enfoque y posicionarnos para que otros sean alcanzados por medio de la predicación del evangelio. Cuando cambiamos nuestra actitud, el calor del desierto no va a molestarnos porque aprendemos a esperar en Dios. Juan 15:13 nos dice: "Nadie tiene mayor amor que este, que uno ponga su vida por sus amigos." Este principio de que no siempre se trata de nosotros sino de los demás es un acto de humildad que caracteriza al creyente en Cristo Jesús que siente amor y pasión por las almas. Escuché a mi madre orar muchas veces en esta forma: "Señor, pon en nosotros pasión por las almas perdidas." Ahora entiendo que esto es algo que debemos pedir a Dios que lo deposite en nuestro corazón. El cantante y predicador cristiano Stanislao Marino decía en sus predicaciones: *"Hay creyentes que le da lo mismo el frio que el calor, no les importa si las almas se pierden sin salvación."* Esto es muy triste, no debemos dejar enfriar nuestro amor. Apocalipsis 2:4 en el mensaje a la iglesia de Éfeso, ésta es reprendida por haber perdido el primer amor. Muchos se refieren al primer amor como aquello que sentían cuando por primera vez conocieron a Dios. Era un sentimiento que nos impulsaba a predicarles a todos acerca de Jesús. Ese mismo sentimiento debe mantenerse vivo en nuestro corazón siempre.

He escuchado a alguien expresarse de la siguiente manera: "Dios la tiene en contra mía." Esta es una mentira que tristemente el diablo le ha hecho creer a muchos creyentes. Dios nunca quiere el mal para sus hijos. Jeremías 29:11: "Porque yo sé los pensamientos que tengo acerca de vosotros, dice Jehová, pensamientos de paz, y no de mal, para daros el fin que esperáis." Y 2 Corintios 1:20 "porque todas las promesas de Dios son en él Sí, y en él Amén, por medio de nosotros, para la gloria de Dios." Entonces, ¿Cómo es posible que cuando sentimos que estamos en medio del desierto comencemos a renegar de Dios y pensar que él nos quiere hacer daño? No amados, mira como lo expresa Santiago 1:2-3: "Hermanos míos, tened por sumo gozo cuando os halléis en diversas pruebas, sabiendo que la prueba de vuestra fe produce paciencia."

En Juan 10:1-16 en la Parábola del buen pastor. Jesús mismo se presenta como el "Buen Pastor." Esto significa que así como EL es el Buen Pastor, también existe el "mal pastor". El buen pastor su vida da por sus ovejas. Entendiendo esto, estoy segura que al dejar las ovejas en medio del desierto para irse a buscar la ovejita perdida, lo hizo con toda intención y por el bien de ellas. Así mismo, el buen pastor, Jesús, quiere lo mejor para ti aunque te encuentres en un desierto y creas que vas a desmayar. Él no te dejara, ni te desamparara. En Juan 16:16 Jesús hablando a sus discípulos les aseguró que su tristeza al no verle por un tiempo, un día se convertiría en gran gozo. Y termina el capítulo con este conocido verso: "Estas cosas os he hablado para que en mí tengáis paz. En el mundo tendréis aflicción; pero confiad, yo he vencido al mundo."

El mundo para muchos es un gran desierto, es un lugar árido y triste, pero en Cristo tenemos esperanza de que no estamos solos. Recuerda, Salmos 107:35: "El vuelve el desierto en estanques de aguas, Y la tierra seca en manantiales."

Predicando en el desierto

Hace muchos años atrás escuche un testimonio de un hombre que anhelaba predicar el evangelio. Este se encontraba en una aldea habitada por indígenas, personas sin conocimiento alguno del evangelio. Sin embargo este hombre no sabía predicar, así que se iba a un lugar desierto y comenzaba a predicarle a las rocas enormes que había allí. Esto hacia día tras día, practicando como predicar. Un día el hombre quiso terminar su predicación haciendo un llamado. Para la sorpresa de aquel hombre cuando hizo el llamado, comenzaron a salir los indígenas que habían estado escondido detrás de aquellas rocas y día tras día, habían estado escuchando predicar el mensaje del evangelio. Aquel día, toda aquella tribu aceptó al Señor Jesús como su salvador y Señor. Este hombre pensaba que en medio del desierto nadie le estaba escuchando, pero estaba equivocado, Dios estaba obrando en aquella gente de la tribu por los mensajes que el ensayaba.

En Mateo 3, encontramos a Juan el Bautista predicando en el desierto en Judea. Juan predicaba un mensaje de arrepentimiento citando y cumpliendo la profecía de Isaías 40:3 "voz que clama en el desierto, Preparad camino a Jehová; endereza calzada en la soledad a nuestro Dios." Su mensaje era fuerte y contundente. Aunque dice que su apariencia no era la más atractiva, ni estaba en una sinagoga o en un templo predicando, muchos salían a él para escucharle predicar en el desierto y procedían al arrepentimiento. Cuando Juan (el Bautista) estaba en la cárcel, parece que tuvo un momento de duda y envió a sus discípulos a preguntar a Jesús si él era el que habría de venir, o si debían esperar a otro. En ese momento, Jesús se encontraba predicando y enseñando en las ciudades. Los apóstoles estaban siendo testigo de las cosas que estaban sucediendo en el ministerio de Jesús, por eso él les dice que le contaran a Juan lo que ellos estaban viendo y oyendo. Es decir, sus hechos avalaban su ministerio. En el verso 7 de ese mismo capítulo lee así: Mientras ellos se iban, comenzó Jesús a decir de Juan a la gente: ¿Qué salisteis a ver al desierto? ¿Una caña sacudida por el viento? Jesús sabía que muchos de los que estaban allí, habían salido al desierto a escuchar las predicas de Juan. Pero también sabía que algunos de ellos habían ido por curiosidad. El evangelio del Reino estaba siendo predicado por este hombre sencillo y humilde. Es posible que aquellos que salieron al desierto pensaban que iban a encontrarse con un hombre debilucho y sin autoridad. Pero por el contrario, Juan predicaba con mucha autoridad de Dios para arrepentimiento como vemos en Mateo 3. Aquí Jesús reafirma la grandeza del ministerio de Juan el Bautista. Que aunque era en el desierto, con poca alimentación y ropas humildes, su misión era abrir el camino para el Mesías prometido.

Jesús también solía apartarse a lugares desiertos a predicar. Mateo 14:15 "Cuando anochecía, se acercaron a él sus discípulos, diciendo: El lugar es desierto, y la hora ya pasada; despide a la multitud, para que vayan por las aldeas y compren de comer." Sus discípulos sabían que el desierto podía ser peligroso cuando oscurecía. En medio de aquella multitud, había mujeres y niños que seguían al maestro. A Jesús no le preocupaba que se estaba haciendo tarde. Tampoco le preocupaba que estaban en un lugar desierto y no había protección, ni comida. Él sabía que había una necesidad pero que ésta iba a ser cubierta. Jesús le instruye a los discípulos en Mateo 15 que le dieran ellos de comer a los que estaban allí. En el verso 33: los discípulos le preguntan a Jesús "¿De dónde tenemos nosotros tantos panes en el desierto, para saciar una multitud tan grande?" Aquí es donde vemos que ocurre el milagro de la multiplicación de los cinco panes y dos peces. Hoy Jesús nos ha dado la misma encomienda a la iglesia: "Dale vosotros de comer." Hay muchos en medio del desierto que están hambrientos de la Palabra de Dios y necesitan ser saciados. En Juan 6, Jesús se describe a sí mismo como el pan de vida. Muchos mueren en el desierto del pecado por no comer el pan de vida eterna, por no aceptar a Jesús.

Por otro lado, es posible que estés en medio de un desierto y necesites provisión para tu casa. Estás a punto de rendirte porque crees que no hay solución a tu necesidad. El maestro está contigo en medio de este desierto, el hará lo imposible posible en tu vida. Salmos 37:4 dice "Pon tu delicia en Jehová, y él te concederá las peticiones de tu corazón." Y más adelante en el verso 25: "Joven fui, y he envejecido, Y no he visto justo desamparado, Ni su descendencia que mendigue pan." Jesús sabía que como humanos, aquella gente debía saciar su hambre y su sed, pero su enfoque principal estribaba en enseñar el mensaje de salvación y presentarse a sí mismo como el pan de vida, el pan que descendió del cielo.

Una de las expresiones que más me agrada escuchar a mi esposo decir es: "*Mas tiene Dios que darnos, que nosotros que pedirle*." Esto es muy cierto. Efesios 3: 20 dice así: "Y a Aquel que es poderoso para hacer todas las cosas mucho más abundantemente de lo que pedimos o entendemos, según el poder que actúa en nosotros."

Muchas veces Dios me ha sorprendido con detalles inesperados, pero que he necesitado. Unos meses atrás mientras estaba en la sala de mi casa, miré a la mesa del centro y pensé para mí: "Me gustaría tener una alfombra redonda para ponerla debajo de esa mesa." Era solo un pensar, ni más ni menos. Sin embargo, Dios es tan fiel y perfecto, que unos días más tarde, fui a la casa de una amiga pudiente y me pregunto (sin saber nada) "¿Te gustaría una alfombra redonda?, es que la ordené pero no la quiero y la guardé para ti." Yo comencé a darle gracias a Dios por esos detalles que siempre tiene conmigo y puedo ver su mano aun en cosas que considero pequeñas o triviales, pero que como mujer me agradan.

He conocido ministros de Dios que han rehusado ir a pastorear una obra porque la consideran pequeña, o porque está en un lugar remoto (en un desierto) donde no hay muchas personas. La realidad es que cuando creemos en el llamado que Dios nos ha hecho, podemos irnos al desierto como Jesús y como Juan lo hacían, predicar y las almas han de llegar porque la obra no la hace el hombre, sino el Espíritu Santo. Es posible que pase un tiempo y nadie sepa que estas predicando en medio del desierto, pero la Palabra nunca tornará atrás vacía, sino que hará la obra para la cual ha sido enviada. No te desanimes, no desmayes, si estas predicando en el desierto, espera el tiempo de Dios, siembra la Palabra y verás la cosecha porque fiel es el que te llamó y el cumplirá su propósito en ti. Dios no está interesado en llenar lugares de personas, el anhela adoradores que le adoren en Espíritu y Verdad. Gente que verdaderamente respondan al llamado a la salvación y acepten su obra redentora. No es que estemos en contra de las grandes congregaciones, pero queremos que como ministros competentes de Dios entendamos que cada llamado es individual y Dios se agrada cuando aceptamos su voluntad en nuestra vida. Alguien dijo: "Muchos conocen la gloria, pero no conocen la historia." Dios te dice hoy en Job 8:7" Y aunque tu principio haya sido pequeño, tu postrer estado será muy grande."

Recuerdo cuando mi padre comenzó a pastorear en Puerto Rico. Dios le hizo un llamado directo estando en su iglesia muy tranquilo. Le envió a ir a predicarle a su gente. Al poco tiempo se levantó un grupo en la marquesina de unos hermanos. Más tarde el lugar donde se determinó que se habría de construir el templo, era un barranco. Solo un loco se atrevería a construir en ese tipo de terreno. Pero la gente que vivía en aquel barrio, necesitaba conocer a Dios. Era un campo virgen para el evangelio y muy fértil, aunque muy incrédulo. Es posible que los creyentes de aquel pueblo no habían podido penetrar en ese barrio a causa de sus creencias y prácticas paganas. Para completar, tuvo que luchar con unos vecinos para conseguir que ellos accedieran paso al terreno donde se estaba levantando el templo. Era un desierto en verdad. No obstante, Dios comenzó a moverse y las almas respondían al evangelio. Era un tiempo de avivamiento. Hasta la fecha de hoy, conozco gente que aceptaron a Dios por medio de este ministerio y aun perseveran en la fe, algunos de ellos son pastores. La Biblia nos dice en Eclesiastés 11:1: "Echa tu pan sobre las aguas; porque después de muchos días lo hallarás."

En el libro de Deuteronomio, el capítulo 8:2, Dios está amonestando: dice a su pueblo, "Y te acordaras de todo el camino por donde te ha traído Jehová tu Dios estos cuarenta años en el desierto, para afligirte, para probarte, para saber lo que había en tu corazón, si habías de guardar o no sus mandamientos." Para muchos lectores les parece absurdo los cuarenta años que el pueblo de Dios estuvo en desierto siendo probado. No debemos olvidar que éste pueblo fue de muy dura cerviz. Cuarenta años es el periodo de tiempo que se toma para formar una nueva generación que no traían, ni habían conocido, las malas costumbres de los egipcios y sus prácticas paganas.

Uno de los momentos de prueba en el desierto lo encontramos en Números 21, en esta ocasión el pueblo murmuro contra Moisés. Le decían que estaban cansados del "pan liviano" que estaban comiendo, refiriéndose al maná que Dios les enviaba del cielo todos los días; y que querían regresar a comer el pan que comían en Egipto. Tanto fue la indignación de Dios al verse menospreciado por su pueblo que en el verso 6 vemos que Dios les envió serpientes que les mordían y murió mucho pueblo de Israel. Ahora bien, ellos vuelven a Moisés y le dicen que están arrepentidos así que Moisés ora por ellos a Dios y Dios le da instrucciones a que haga una serpiente ardiente de bronce y la levantara en el desierto y que cualquiera que fuese mordido por una de esas serpientes y mirara a aquella serpiente de bronce, viviría.

Este evento era simbólico de lo que habría de suceder con Jesús. En Juan 3:14 Jesús hablando a sus discípulos les dice: "Como Moisés levantó la serpiente en medio del desierto, así es necesario que el hijo del Hombre sea levantado." Es decir, aquella asta, con la serpiente era símbolo de la cruz de Cristo. Hoy Dios tiene gente predicando en medio de desiertos de hombres y mujeres desobedientes, gente que está quejándose y murmurando en contra de Dios. Muchos que han sido heridos por satanás, la serpiente antigua y por el pecado. Sin embargo, hay hombres y mujeres de Dios que están levantando el mensaje de la cruz de Cristo en medio de ese desierto y todo aquel que mire a la cruz del Calvario y acepte la salvación por medio de Jesús no morirá eternamente como nos dice Juan 11:26. ¡Mira a la cruz en tu desierto!

No toda situación adversa es un desierto

No todas las cosas adversas que nos suceden mientras estamos en este mundo son desiertos. El sol se pone y se levanta, tanto para el justo como para el injusto. Es decir que todo ser humano sin distinción de raza, color, nacionalidad, edad, ni posición social o económica, pasará siempre por momentos de adversidad, aun sea justo o injusto.

Difiero del pensar de muchas personas que presentan todas las pruebas que pasamos como desiertos. Te voy a explicar por qué más adelante. Cuando estamos tratando de analizar nuestras situaciones debemos saber que hay dos formas en que un creyente llega a un desierto. Primero un creyente puede llegar a un desierto espiritual por su desobediencia. Segundo un creyente también puede llegar a un desierto espiritual por responder obedientemente a la voluntad de Dios. Todo ser humano atraviesa desiertos en momentos de la vida, pero el creyente tiene la bendición de atravesar los desiertos con propósitos definidos y acompañados de la mano de Dios, cosa que no tiene aquel que no ha creído en Jesús como salvador personal de su vida. Por esto pienso que para el creyente no toda situación adversa es un desierto.

A veces escucho a una persona no creyente aferrarse a una promesa de Dios en medio de su adversidad y me da tristeza porque no conoce que las promesas de Dios son para aquellos que han creído en Jesús como único Salvador de sus vidas y le sirven de todo corazón. Cuando Cristo expresó las palabras en Juan 16:33 "Estas cosas os he hablado para que en mí tengáis paz. En el mundo tendréis aflicción; pero confiad, yo he vencido al mundo" no estaba hablando con la multitud, si no con aquellos que habían creído en él, es decir sus discípulos.

Las bendiciones de Dios siempre son para los fieles. Ahora bien, muchas veces Dios extiende su misericordia y se glorifica para gloria de Su nombre. Pero hay que marcar la diferencia. No podemos sobrepasar el amor de Dios. Ezequiel 18:32 "Porque no quiero la muerte del que muere, dice Jehová el Señor; convertíos, pues, y viviréis." ¿Por qué dice *la muerte del que muere*? Porque el que no le sirve a Dios está muerto en delitos y pecados. En vez de estar orando por sanidad o para que Dios les resuelva su situación, tenemos que enfocarlos en que conozca las Buenas Nuevas de salvación para que se conviertan a Dios y sean salvos.

Cuando hablamos de desobediencia, entiéndase que es un proceso de desvío espiritual. Este desvío es algo paulatino. Permíteme definirlo en tres niveles: Pasos, veredas, caminos. Alguien dijo, "Los caminos en la vida no están, sino que se hacen". Todo camino y vereda comienzan con pasos. Al referirnos a "pasos" digamos que es cuando hemos hecho algo pequeño que nos puede alejar poco a poco de Dios. Proverbios 14:15 nos dice: "El simple todo lo cree; Mas el avisado mira bien sus pasos." También en el Salmos 73 verso 2, Asaf se expresa: "En cuanto a mí, casi se deslizaron mis pies; Por poco resbalaron mis pasos." Esta es la primera etapa del desvió espiritual. Si no corregimos este pequeño desvío, nuestros pasos se convierten en veredas. Una vereda es un pequeño camino que se hace al caminar de personas y/o animales. Proverbios 3:6 "Reconócelo en todos tus caminos, Y él enderezará tus veredas." Por último estas veredas conducen a caminos. Proverbios 5:21 "Porque los caminos del hombre están ante los ojos de Jehová, Y él considera todas sus veredas." Y en Proverbios 10:9 podemos entender los resultados de este proceso de desvío espiritual "El que camina en integridad anda confiado; Mas el que pervierte sus caminos será quebrantado." Nada sucede de la noche a la mañana. Siempre que le he preguntado a una persona que se ha alejado de Dios acerca de cómo llegó a esa condición, me doy cuenta que no sucedió de repente, si no que todo fue poco a poco. Una cosa llevó a la otra y cuando abrieron los ojos estaban fuera del cerco de la voluntad de

Dios. Pasos, veredas y caminos en dirección al mal te van a llevar a un desierto lejos de Dios y de su propósito para tu vida.

Hay muchos que andan viviendo vidas desordenadas delante de Dios y piden la oración por que están pasando una prueba. Estas no son las aflicciones a las que Cristo se refirió. Sin embargo, muchas de las aflicciones que sufrimos, yo diría que en la mayoría de los casos son por nuestras malas decisiones. Cuando una persona no creyente está buscando respuesta a su desierto en Jesús debemos reenfocar la persona a la raíz de su problema, que es recibir a Jesús como su único y exclusivo Salvador. Es más importante que enfoquemos en traer esa persona nuevamente a la obediencia de Cristo, que orar por su situación. Existe un abismo diferencial entre las pruebas de un creyente a cuando una persona incrédula o descarriada cae en una situación a causa de su desobediencia. Por eso debemos preguntar: ¿Cómo llegaste a tu desierto? ¿Cuál fue el motivo o detonante que te llevó a esta condición?

Cuando nos salimos del cerco de protección de Dios y nos alejamos de él, caemos en adversidad y somos blanco fácil de los ataques del enemigo. Eso no es ni una prueba, ni un desierto, es simplemente el resultado de nuestra desobediencia. Para enfrentar los desafíos que la vida nos presenta debemos llenarnos de valor poniendo nuestra fe en Cristo Jesús. Aunque el temor y la duda son los dos agentes que más rápido salen a relucir cuando estamos sufriendo los estragos de la desobediencia, debemos entender que podremos vencer por medio de nuestra confianza en Cristo Jesús.

Por otro lado, aunque suene absurdo, es posible que Dios permita que usted llegue a un desierto, como prueba de su obediencia a Dios. Es decir, cuando estamos haciendo todo lo que Dios nos indica, estamos siendo fiel a Dios en todo, sin embargo, nos llega el momento de la prueba. Me imagino como se sintió Abraham cuando Dios después de haberle cumplido la promesa de darle a su hijo Isaac, ahora le pide que lo presente como sacrificio. Había dos cosas que Dios estaba buscando en Abraham, su fe y obediencia. Por eso es que cuando esto sucede y nosotros permanecemos en El, nuestro hombre interior se fortalece. 2 Corintios 4:8 dice "Que estamos atribulados en todo, mas no angustiados; en apuros, mas no desesperados." Esta es la confianza que tenemos en Dios, sabemos que pase lo que pase en nuestra vida, no desfallecemos porque estamos anclados en la roca firme que es nuestro amado Señor Jesús.

Muchos de los creyentes de mi generación fueron formados bajo un sistema dogmático legalista. Aunque conocíamos que ciertas prácticas que hacían en la iglesia donde asistíamos no estaban correctas ni prácticamente o bíblicamente, permanecíamos adheridos a esa iglesia. Con el tiempo surgieron situaciones que nos hicieron pensar que estábamos en un desierto espiritual, pero la preparación que recibimos, los gratos momentos que experimentamos bajo la gloria de Dios nos fortaleció para permanecer en la fe. Llegó el momento cuando por algún motivo salimos de aquel lugar y fue entonces que pudimos entender el propósito de Dios para nuestras vidas.

Recuerdo haber conocido a un gran hombre de Dios que anhelaba predicar la Palabra. Él amaba servir a Dios y esa era su pasión pero carecía de fluidez de palabras. Dejé de verle por muchos años y luego le invitamos a predicar en nuestra iglesia. ¡Cual no fue mi sorpresa! Dios había cambiado a este hombre, ahora predicaba con una unción y un conocimiento de la Palabra que nos dejó a todos boquiabiertos. Había pasado por unos procesos en su vida que lo lanzaron a refugiarse en el Señor y en su Palabra. Su actitud al permitir que Dios le sacara de sus paradigmas y dogmas provocó cambios significantes en su ministerio. No podemos obligar a Dios a que se adapte a nuestras reglas y dogmas de hombres que muchas veces oprimen a las congregaciones. Con frecuencia Dios rompe los parámetros y los paradigmas a los cuales nos hemos adaptado para establecer algo nuevo en nosotros. Dios permite estas cosas para mostrarnos cosas grandes y llenarnos de su gozo, de su paz y fortalecer nuestro ser por completo, espíritu, alma y cuerpo.

Hay algo especial cuando un creyente logra vencer en medio de una adversidad. Por eso le llamamos "testimonio." Es más fácil hablar y aconsejar a alguien cuando uno mismo ha pasado por esa situación o por algo semejante. Por eso sigo diciendo que todo lo que Dios permite que suceda en nuestra vida es con propósito.

Después de mi madre estar por espacio de dos años en aquel sanatorio, Dios permitió que saliera con dos pulmones nuevos y se reintegrara a la familia. Los médicos no podían creer lo que estaban viendo, no eran los mismos pulmones que se veían en las radiografías tomadas a su llegada a aquel sanatorio. Le advirtieron firmemente que no podía tener más hijos, pero Dios le permitió tener seis hijos más. Este testimonio impactó a muchas vidas, hasta el sol de hoy. Durante sus años restantes después de salir del sanatorio, se dedicó a servirle a Dios y fue una gran mujer con un testimonio intachable. En el año 2008, mi madre se fue a morar con el Señor.

Hace un tiempo atrás mientras conversaba con una dama, ella me platicaba todos los problemas por los cuales estaba pasando. Una y otra vez se refería a su situación como un desierto. Pude notar en su tono de voz que estaba molesta por varias situaciones. Entre todas las cosas que me contaba me decía que se sentía muy mal en la congregación donde estaba perseverando por el trato indiferente que estaba recibiendo. Le sugerí que buscara otro lugar de adoración a Dios, pero que antes debía limar asperezas con las personas que supuestamente le habían hecho daño. Tal parece que ella desconocía de alguna otra congregación cerca de su casa y se había acomodado en aquel lugar. El problema estriba en que muchas veces ventilamos nuestras situaciones a alguien pero no queremos salir de la situación a la cual llamamos "desierto". Antes preferimos seguir dando vueltas en el mismo "desierto" que buscar una salida. El hecho de que el pueblo de Dios estuvo cuarenta años en el desierto fue por su desobediencia. Sin embargo, hay situaciones a las cuales les podemos buscar una solución y no lo hacemos. Debemos de estudiar la situación y ver si está en tus manos buscarle una solución y proceder a hacerlo. No esperes que otras personas te saquen de ese desierto. Dios te ha dado todas las herramientas posibles para lograrlo en el nombre de Jesús. El Apóstol Pablo nos dice en 2 Corintios 12:10 "Por lo cual, por amor a Cristo, me gozo en mis debilidades, en afrentas, en necesidades, en persecución, en angustias; porque cuando soy débil, entonces soy fuerte." Pienso que si reconociéramos que "su poder se perfecciona en mi debilidad" así como dice el apóstol Pablo, tuviéramos grandes conquistas sobre los problemas que enfrentamos.

En el libro del profeta Joel, en el capítulo 3, nos habla del juicio de Jehová sobre las naciones. Me llama la atención en específico el verso 10, "Forjad espadas de vuestros azadones, lanzas de vuestras hoces; diga el débil: Fuerte soy." Analizando este verso podemos notar que Joel está hablando a gente de campo, gente que trabajaba la tierra. Ellos sabían cómo usar los azadones para sembrar y las hoces para vendimiar el grano listo. Ahora les instruye a que conviertan esos azadones en espadas y las hoces en lanzas. Joel les hablaba en idioma que ellos conocían más bien instándoles a usar lo que tenían a la mano para pelear la batalla. Esto también lo vemos en Éxodo 4:2 cuando Dios llama a Moisés: "Y Jehová dijo: ¿Qué es eso que tienes en tu mano? Y él respondió: Una vara." Hoy Dios le dice a su pueblo que use lo que él nos ha dado. Dios no quiere que pelees con las armas de otro, él te ha dado todo lo necesario para que seas más que un vencedor. Dios te ha capacitado con dones y talentos, simplemente analiza lo que Él te ha dado y úsalo. También te ha dado su Espíritu Santo y su Palabra para que seamos más que vencedores. No seamos de los que van a la retaguardia, sino a la vanguardia, gente de valor. Debemos aprovechar las cosas adversas por las cuales atravesamos como oportunidades para ejercitar nuestra fe como dice 2 Timoteo 1:7 "Porque no nos ha dado Dios espíritu de cobardía, sino de poder, de amor y de dominio propio."

Profetiza Sobre tu Desierto

El capítulo 37 de Ezequiel contiene un mensaje poderoso del cual hemos escuchado predicar a muchas personas. Me llama la atención como Dios lleva por el Espíritu a Ezequiel a un valle de huesos secos. Ahí no pasaba nada. Es como decir que lo llevó a un cementerio. Vemos como Dios comienza a hablarle y le pregunta que sí él pensaba que esos huesos secos habrían de volver a vivir. Si Ezequiel no hubiera conocido a Dios, talvez pensaba: "¡Imposible!, como crees, esas personas son caso perdido, ahí no hay esperanza." Ezequiel siendo un gran hombre de Dios, reconocía que para Él no había imposibles. Por eso le dice "solo tú lo sabes, Señor." Entonces, Dios le da la encomienda de profetizar sobre aquellos huesos secos. Una vez que Ezequiel comenzó a profetizarle a aquellos huesos, cosas comenzaron a suceder. Aquellos huesos comenzaron a revivir. Comenzó un proceso cuando él hablaba lo que Dios le decía hasta que entró en ellos nuevamente aliento de vida y se levantó un gran ejército de personas.

Claramente, Dios le estaba dando una lección a Ezequiel y una visión de lo que Él era capaz de hacer por su pueblo. Comparaba a aquellos huesos con la situación actual de su pueblo Israel. Ellos decían que sus huesos se habían secado, habían perdido la esperanza y solo les esperaba destrucción. Por esta razón, Jehová Dios se apiada del pueblo y les trae vida y esperanza por medio de una palabra dada a Ezequiel.

Muchas veces nosotros nos encontramos en desiertos y lugares donde parece que ya no hay esperanza. Es más, aquello que nos traía alegría y gozo ya lo consideramos muerto. Sentimos que ya no nos queda aliento para seguir adelante. Aquello que talvez sería nuestra esperanza, ya había fenecido. Pero Dios hoy te trae una palabra de esperanza y te dice: Profetiza sobre esos huesos secos. Profetiza sobre tu situación, profetiza sobre tus finanzas, profetiza sobre tus hijos, profetiza sobre tu enfermedad, profetiza sobre tu familia. Para Dios no hay nada imposible.

La obediencia de Ezequiel logró traer esperanza a aquel pueblo oprimido. Cuando somos oprimidos, podemos declarar la Palabra de Dios sobre toda situación confiando que Él es fiel para hacer vivir aquello que ya consideramos muerto, aquello que para muchos estaba perdido.

El desierto te hace pensar que Dios se ha olvidado de ti. Esto es lo que muchos creen, comentan, y rumoran acerca de tu situación presente. No permitas que el desierto te consuma, Dios está dando una palabra de fe, autoridad y de vida a tu espíritu. Él quiere que seas un testimonio viviente de su poder.

Hace como diez años atrás, mientras me preparaba para dar una conferencia de mujeres en mi ciudad, Dios me dio una experiencia muy intensa. No sé si era un sueño o una visión, mientras estaba acostada en mi cama, Dios me presenta lo siguiente: Me encontraba en otra ciudad y estado, visitando a una amiga. Mi amiga, muy curiosa me quiso llevar a visitar para conocer varios lugares de la ciudad. En esta experiencia, ella me lleva a un laberinto. Ese laberinto era lo más moderno, lo último en cuanto a lugar donde todos querían visitar. Estaba hecho en barro rojo, la forma de paredes hechas a mano como si fueran divisores de los que utilizan en las empresas. Medían como siete pies de alto y como tres yardas de largo, como el tamaño de los cubículos separadores de oficinas. Al entrar en el laberinto, la hija de mi amiga, que contaba con unos ocho años en aquel entonces, venía detrás de nosotras en forma apresurada. Hubo un momento en que la niña se nos perdió de la vista y yo le dije a mi amiga que la esperáramos, pero ella tenía mucha prisa en querer entrar en aquel laberinto y no se detuvo a esperarla. De repente, mi amiga se percató que su niña sí estaba perdida y sale corriendo, muy desesperada del laberinto a buscarle, dejándome a mí allí dentro. Mientras ella salía del laberinto gritaba fuertemente:-"¡Mi hija, mi hija, por favor, busquen a mi hija que se me ha perdido!" Aquel clamor de ella comenzó a escucharse como un eco dentro del laberinto.

Yo no sabía qué hacer, entonces comencé a querer salir de allí muy preocupada. Cuando comienzo a caminar hacia la salida, me doy cuenta que el suelo estaba caliente. Luego comienzo a mirar y entre las paredes divisorias se comienza a abrir unas grietas en el barro, en el piso y escucho muchas voces de hombres y mujeres que habían quedado atrapados allí y gritaban: -"¡Mi hijo, mi hija, salven a mis hijos, por favor!" Eran voces de desespero, voces perturbadoras que me atrasaban mientras yo caminaba porque yo no quería pisarles al caminar. De pronto escucho una voz más tierna y de compasión de una mujer que me dice:–"Mira nena, tu que estás allá afuera, ve, por favor y salva a mis hijos." Yo me subí sobre un bloque de cemento que encontré para asomarme a ver quién era la que hablaba y veo a una mujer hermosa, con cabello largo, oscuro y de ojos azules, por su acento supe que era puertorriqueña. Entonces yo le dije:–"No, yo no voy a salvar a tus hijos, yo te voy a ayudar a salir de aquí y tú misma los vas a salvar." Ella me repetía lo mismo una y otra vez, pero yo extendí mi mano y logré sacarla de aquel lugar donde ella había quedado atrapada en el laberinto.

La mañana siguiente desperté muy consternada y le conté todo a mi esposo. Ambos nos preguntábamos cual era el significado de todo esto y comenzamos a orar pidiendo a Dios revelación. Llamé a mi amiga y le conté esta experiencia. Le aconseje que no descuidara a su hijita. Ella me dijo que todo estaba bien y que su hija no se encontraba en peligro alguno. Al llegar el día de la conferencia, comencé a desarrollar mi tema que me había sido asignado. Durante la conferencia, hubo un momento donde Dios trae a mi mente este sueño (o visión) que había tenido esa semana. Entonces comencé a contar la experiencia con detalles y trataba de aplicarla de la mejor manera. Yo explicaba que el laberinto significa los afanes y las cosas que la vida nos presenta en las cuales quedamos atrapados y nuestros hijos van quedando atrás por nuestro descuido. Al llegar a la parte donde hablaba de la muchacha, me doy cuenta que había una chica sentada en la nave del templo en una esquina, tenía cabello corto, oscuro y ojos azules. En ese momento pienso

—"¡que mucho se parece a la que vi yo en el sueño!", pero no, la del sueño tenía el pelo largo, no podía ser ella, era una simple casualidad. Pero no podía dejar de pensar en esa chica y el parecido que tenía con la de mi sueño.

Al entregar mi parte a la persona encargada, me fui a la parte de atrás, cerca de la entrada del templo. Mientras yo observaba hacia el frente, me doy cuenta que la chica de los ojos azules y cabello oscuro, se levanta de su asiento, con sus manos en su vientre y corre hacia el baño. Inmediatamente me dirigí hacia el baño donde ella estaba vomitando. Cuando ella me vio su rostro estaba pálido y me dice–"Era yo, ¿verdad?, la muchacha en tu sueño." Yo le respondí:–"No sé, ¿por qué piensas que eras tú?, la chica de mi sueño tenía el cabello largo y tú lo tienes corto." A lo que ella me responde:–"Es que yo me corté el pelo ayer, pero estoy segura que ese mensaje es para mí." En ese momento, ella se quita su blusa y me muestra su vientre. Lo que vi fue espantoso, tenía una costura desde la parte de debajo de su cuello hasta el final de su vientre. ¡Me horroricé! ¿Qué es esto? No podía entender como esta mujer estaba cocida de arriba abajo. Entonces ella me explicó lo siguiente:–"Resulta que yo tuve un accidente y morí. Al morir, me comenzaron a hacer la autopsia. Mientras estaba en la mesa, escuché una voz que me dijo que debía regresar y salvar a mis hijos y Dios me resucitó." Yo entonces le pregunté: "Entonces, ¿qué ha pasado y porque Dios te trajo este mensaje?" Ella me respondió que su situación no era fácil. Cuando sus hijos se enteraron que ella había muerto, ellos comenzaron a disponer de sus pertenencias inmediatamente. Pero ahora ella estaba viva de nuevo y ellos ya no querían que ella viviera con ellos. Ellos habían tomado su casa y se habían apoderado de todo lo que allí había que tuviera algún valor. Estaba siendo víctima de abuso por medio de sus hijos y le decían que tenía que mudarse porque esa casa ya no le pertenecía a ella. Recuerdo que Dios me permitió aconsejarle y darle una palabra poderosa de fe y esperanza. Le di un plan de contingencia para que saliera de aquel lugar y pudiera lograr el propósito por el cual Dios le había dado otra oportunidad de vida.

Unos siete años más tarde, recibí una llamada de mi amiga, la que me había llevado al laberinto, según mi sueño. Me pedía desesperadamente la oración por su hija, que ahora tenía diecisiete años. Me decía que la niña había sido admitida a una institución mental ya que estaba siendo atacada mental y emocionalmente por situaciones en el hogar. No pude evitar acordarme del sueño y recordarle a ella que Dios le había advertido que no descuidara a su hija. Gracias a Dios que fue libertada y regresó a su casa totalmente sana.

La realidad de lo que Dios me mostró en este sueño o visión es muy cierto. La vida nos presenta muchos caminos y opciones que se convierten en laberintos en los que muchos han quedado atrapados. Estos laberintos pueden ser materiales, emocionales y hasta espirituales. Situaciones o cosas en las cuales nos envolvemos o a las cuales nos apegamos de tal manera que luego no sabemos cómo salir de ellas. Al entrar en esos laberintos hemos descuidado nuestros hijos, nuestros hogares, nuestros matrimonios, nuestros trabajos y todo aquello que en realidad tenía valor para nosotros en algún momento de la vida.

Muchas veces Dios nos profetiza directamente y no prestamos atención. Creo firmemente en que además de por la Palabra, Dios nos habla por medio de sueños, de visiones y en muchas otras formas. Cuando estamos conectados con Dios, Él nos revela muchas cosas para advertirnos de algún peligro para que no caigamos en ciertos desiertos.

Como puedes ver, parte de lo que Dios me mostró era para una situación inmediata, pero la otra parte se tardó en cumplirse. Cuando hay una palabra de parte de Dios hablada a nosotros sea por una persona o por nosotros mismos a través de sueño o visión, debemos prestar atención. No importa el tiempo que pase, Dios ha de cumplir lo que ha dicho. Frecuentemente Dios les advierte a sus hijos para que no vayan a quedar atrapados en laberintos de la vida. Tristemente, nuestra humanidad nos traiciona y nos hace olvidar sus advertencias.

Recuerda, no importa cuál sea tu desierto, profetiza sobre él, profetiza vida a lo que ya creías que estaba muerto. La Palabra de Dios nunca tornará atrás vacía, sino que hará la obra para la cual ha sido enviada.

No morirás en el desierto

Se dice que el Salmo 118 fue escrito por Hallel un hombre egipcio y que este salmo fue cantado en la Pascua. Este Salmo expresa gratitud y esperanza. Me llama mucho la atención el verso 17: "No moriré, más viviré y contaré las obras de Jehová." Como hijos obedientes podemos también expresarnos de esa misma manera porque tenemos la esperanza de que este mundo no es nuestra eterna morada. Hebreos 13:14 "porque no tenemos aquí ciudad permanente, sino que buscamos la por venir."

Cuando comenzamos a profetizar sobre nuestro desierto como lo hizo Hallel, cada una de las cosas que Dios nos ha prometido en su palabra, te puedo garantizar que grandes cambios van a comenzar a suceder. El calmará la tormenta en una gran bonanza.

Una de las cosas que no podemos dejar de hacer cuando sentimos que estamos en medio del desierto, es adorar a Dios. Ser agradecidos y contar sus maravillas. El Salmos 66 es una alabanza de David que menciona detalladamente las cosas grandes que Dios hizo con su pueblo al sacarlos de Egipto. David no estaba presente cuando sucedió todo esto, sin embargo, él había leído y escuchado todas las maravillas y milagros que Dios había hecho con su pueblo. El conocía de primera mano a un Dios de amor y digno de ser alabado.

Cada desierto tiene sus características particulares, así como cada una de las pruebas que usted y yo pasamos son únicas aunque muchas veces parecidas. Es posible que el desierto que te tocó pasar a ti, sea muy extenso y árido mientras que a otra persona le fue muy fácil salir de su desierto. No has encontrado un oasis para saciar tu sed, todavía no ves la salida. He conocido personas que no han tenido una vida feliz porque siempre parecen estar en la rueda de abajo. Pero muchas de estas personas han sido de gran inspiración a mi vida. Tengo una amiga que ha sido procesada una y otra vez. Una mujer de un testimonio intachable, tremenda mujer de Dios. Maestra de la Palabra. Ella ha pasado por tantas pruebas que no sé cómo ha podido mantenerse en pie. Pienso que su fe ha sido tan firme que puedo compararla con esa persona que describe Mateo 7:25 de aquel hombre que fundó su casa sobre la roca: "Descendió lluvia, y vinieron ríos, y soplaron vientos, y golpearon contra aquella casa; y no cayó, porque estaba fundada sobre la roca." Recientemente, mientras hablaba con ella le confesé que me pregunto como ella le hace para mantener una sonrisa en su rostro mientras su mundo se derrumba. Ella me respondió diciéndome que solo la gracia de Dios es quien la sostiene.

Es importante identificar las áreas de nuestras vidas que podemos corregir con las herramientas que Dios nos ha dado para salir de ese desierto. Con frecuencia queremos que Dios resuelva todos nuestros problemas cuando tenemos la solución en nuestras manos. Recuerda: Dios hace lo imposible, pero nosotros hacemos lo posible. En 2 Corintios 12:10 Pablo lo expresa así: "Por lo cual, por amor a Cristo me gozo en las debilidades, en afrentas, en necesidades, en persecuciones, en angustias; porque cuando soy débil, entonces soy fuerte."

Según la historia de los hijos de Israel durante su trayectoria en el desierto, sabemos que esa generación que salió de Egipto, no pudo entrar en la tierra prometida a causa de su rebeldía y de su desobediencia. Cada uno de ellos fue muriendo en el desierto. Pero cuando obedecemos a Dios podemos caminar en obediencia y apropiarnos de sus promesas. Las promesas de Dios están vigente para cada uno de sus hijos que confían en él.

La falta de confianza en Dios nos puede hacer caer en un sentimiento de auto compasión. Es menester que aprendamos a confiar en Dios y reclamar sus promesas. Isaías 43:2 "Cuando pases por las aguas, yo estaré contigo; y si por los ríos, no te anegarán. Cuando pases por el fuego, no te quemarás, ni la llama arderá en ti." Notemos que este verso dice "cuando pases". Lo que implica que vas a pasar diversas pruebas. Cada uno de estos elementos se aplica a situaciones negativas o adversas por las que vamos a atravesar, pero que para cada una de ellas, ya Dios nos ha dado la solución y la seguridad de que nada de eso nos ha de hacer daño. El secreto es permanecer fiel a Dios.

En cierta ocasión cuando el enemigo me aseguró en forma audible por medio de una persona, que su intención principal al llegar a mi vida, era destruirme. Recuerdo que cuando le pregunté a esa persona porque me decía eso, se sacó una carcajada burlona, como siniestra y me dijo: "¿En serio no me conoces?, pero yo a ti te conozco desde niña." A lo que yo pregunté "¿y porque entraste en mi vida?" Luego me respondió: "Pues nunca me has gustado, pero estaré en tu vida hasta que te haya destruido totalmente." En aquel tiempo, yo no estaba muy firme en el Señor por cosas que habían sucedido y sin darme cuenta, mis pasos se habían deslizado un poco; había sido atrapada por una trampa del mismo enemigo. Debemos de admitir que aunque no queramos, tenemos que vivir rodeados de personas que no temen a Dios ni reconocen su Palabra. Muchas veces estas personas son portadores de malas influencias espirituales que terminan silenciando nuestra adoración a Dios. Así como David en el Salmos 22: verso 15: "Como un tiesto se secó mi vigor, Y mi lengua se pegó a mi paladar, Y me has puesto en el polvo de la muerte." Aunque a pesar de mi condición en ese tiempo, nunca había dejado de cantar y adorar a Dios ya que como muchas personas que me conocen saben que una de las cosas que siempre me ha gustado hacer es cantar para Dios, desde niña. Grabado en mi disco duro solo había Palabra de Dios y canticos de adoración, por lo tanto eso era lo que salía de mi boca.

Cuando crecía, en mi casa no podían faltar los discos de todos los cantantes cristianos. Mi madre siempre insistía en que sus hijos nos aprendiéramos los canticos de aquellos grandes adoradores de la época. Jamás hubiera imaginado que esta insistencia de ella era lo que un día me ayudaría en uno de los momentos más decisivos de mi vida. Entre aquellos cantantes estaba el hermano Juan Pacheco, un gran músico y ministro de Dios. En esos momentos que estaba pasando por aquella situación, donde el enemigo me había declarado abiertamente sus intenciones hacia mí, lo único que vino a mi mente fue una alabanza de éste cantante titulada: "Señor, mi alma es tuya." Era un simple coro o estribillo, pero tenía un mensaje y una unción que cuando esta alabanza vino a mi mente y mi corazón y comencé a cantarla con todas mis fuerzas. Al momento sentí muy dentro de mí un aire de liberación. Como si algo se desprendiera de mis hombros y Dios me aseguraba que todo iba a estar bien. Gracias a Dios así mismo fue. Fue en ese preciso momento que a pesar que sentí una gran opresión, entendí de quien se trataba ya que la Biblia dice claramente que Satanás (el ladrón) viene para matar, hurtar y destruir; pero también nos asegura que Cristo vino a darnos vida en abundancia. Mi hombre interior fue libre de que aquella opresión cuando abrí mi boca y adoré a Dios. Sentí que aguas de bendición estaban estancadas y yo estaba en sequedad de un desierto por haber descuidado mi relación con Dios, mas ahora, como si una piedra fuese removida pude sentir que ríos de bendición volvieron nuevamente a fluir sobre mi vida. Esa misma semana, re-dediqué mi vida al Señor hasta el día de hoy.

Hay desiertos a los que nosotros mismos entramos por nuestra desobediencia. Pero así como entramos en esos desiertos, Dios también nos da la autoridad y el poder para salir de ellos. Creo que la alabanza es un arma poderosa en contra del enemigo. Cuando comenzamos a adorar a Dios, esas malicias que nos atormentan y vienen a hacerte creer que estas solo o sola, tienen que huir en el nombre de Jesús.

En Números 16, El Pueblo de Israel en el desierto se atrevieron decir a Moisés que los había sacado de Egipto para hacerles morir en el desierto. He escuchado a creyentes que dicen que estaban mejor cuando estaban en "el mundo" que ahora que le sirven a Dios. Se han enfocado tanto en las cosas perecederas de este mundo y aferrado a cosas materiales que les cuesta ver con sus ojos espirituales las bendiciones *espirituales* en Cristo como nos dice Efesios 1:3-14.

Otro recuerdo de mi niñez es que mi madre me instó a aprenderme el Salmo 103 de memoria. Notemos que este es un Salmo de alabanza a Dios cantado por el salmista David. Me puedo imaginar al salmista sosteniendo una conversación con su alma e impulsándole a reconocer todas las misericordias y la grandeza de Dios. Le instruye a bendecir a Dios por todo lo que Él ha hecho. En el verso 4, él le dice que Dios es el que saca del hoyo tu vida. El hoyo es considerado el lugar donde has de ser enterrado, lugar de muerte. David había aprendido el secreto de conquistar la benevolencia de Dios. Si leemos este capítulo completo nos damos cuenta que el reconoce su total dependencia de Dios en todas las áreas de su vida. En el Salmo 48 y verso 14 éste (David) nos asegura que "Dios es Dios nuestro eternamente y para siempre; Él nos guiara aún más allá de la muerte." ¡Que expresión más hermosa de confianza total en Dios!

Monte, Desierto o Valle

La creación de Dios nos dice mucho sobre la jornada de nuestra vida. Usamos los desiertos, los montes, los mares, los ríos, los valles y toda la naturaleza como metáforas para definir circunstancias y momentos que experimentaremos en la vida. Cuando me encontrado en diferentes situaciones negativas además de un desierto, muchas veces nos referimos a ello como un valle de soledad. Otras personas también lo ven como un monte. Es interesante ver cómo aunque estos terrenos son diferentes, en el mundo espiritual, pueden significar una misma cosa.

Cuando Dios llamó a Abram a salir de su tierra y de su parentela, Abram obedeció la voz de Dios. Si notamos, Dios le dijo que saliera no solo de su tierra, si no de su parentela, pero Abram también se llevó a su sobrino Lot con todas sus pertenencias. La biblia dice que salieron a tierra de Canaán y a tierra de Canaán llegaron (Gen. 12:5). Fue allí que comenzaron los problemas entre los pastores de Lot y los de Abram. Esta situación causó que hubiese una separación entre Lot y Abram. Antes las dificultades con Lot, Abram dejó que su sobrino escogiera a donde ir, mostrando amor por él y una gran madurez espiritual. La mirada de Lot se dirigía siempre a los valles, a lo bajo, a lo material; en cambio Abram, mantenía su mirada levantada al cielo, en busca de la dirección divina para él y toda su familia.

Es sumamente importante seguir las instrucciones que Dios nos da en su Palabra al pie de la letra para evitar muchos desiertos en la vida. Si Dios te ha dado un sueño, una visión, una promesa, un proyecto, debes saber que es para ti, no para los que te rodean. Por lo regular nos gusta envolver familiares y amigos en aquello que Dios ha puesto en nuestro corazón, eso es normal. Pero hay momento que debemos de callar y permitir que Dios cumpla su propósito en nuestra vida porque en el camino podemos encontrarnos con tropiezos y detractores de la visión.

Muchas veces nos dejamos seducir por nuestros ojos cuando elegimos aquello que es aparentemente lo mejor. No vemos que Lot busco la dirección de Dios, ni el consejo de su tío sino que escogió la llanura, el lugar que según sus ojos le proveería una cómoda residencia, un ambiente agradable y provechoso para su familia y posibilidades de aumentar sus riquezas. La llanura no es un lugar escarpado y por lo tanto, no necesitaba trabajarlo. ¡Cuidado con aquello que te parece cómodo a simple vista! Lo que no te cueste mucho puede traer consecuencias tristes más adelante. Lot fue extendiendo sus tiendas hasta Sodoma, dejando atrás el altar de sacrificio y adoración a Dios.

Abram por el contrario avanzaba hasta "la casa de Dios" cuando tomó el monte, donde le tocaba limpiar el terreno para poder asentarse allí con su familia, su ganado y sus tiendas. Mientras más Lot se convertía en amigo del mundo (Santiago 4:4), Abram vino a ser *"amigo de Dios"* (Santiago 2:23). Sin embargo, conocemos lo que sucede más adelante con aquellas tierras que Lot eligió y como el pecado subió delante de Jehová y como resultado, Sodoma y Gomorra fueron destruidas por fuego. Solamente Lot y sus hijas sobrevivieron aquel evento donde aún su mujer se convirtió en estatua de sal al mirar atrás.

¿Cuál es el punto en esta historia? Es que muchas veces cuando estamos en un monte a donde Dios nos ha llevado, un lugar difícil y escarpado, nos comenzamos a quejar, llamándolo un *desierto,* cuando en realidad no lo es. No nos damos cuenta de que es un monte alto, para que lo trabajemos, lo apreciemos y sobre todo podamos adorar a Dios con libertad. Siempre que estés pasando por una situación adversa, considera el lugar donde Dios te ha llevado.

Lamentablemente en muchos hogares se han alejado del altar y han extendido sus tiendas hacia el pecado y lo que el mundo ofrece. No podemos permitir que nuestra tienda se vaya deslizando hasta

Sodoma y terminemos en la cuidad del juicio. Posiblemente es un lugar que tú mismo, o misma has elegido, pero no es el mejor. Dios quiere que nos remontemos a las alturas y que aunque el trabajo sea difícil entendamos que es lo que nos conviene para el bien de nuestra alma.

Siempre que mi madre no estaba de acuerdo con una decisión que alguien tomaba ella tenía un dicho que dice: "*El tiempo me dará la razón.*" Con frecuencia ella tenía razón ya que la decisión de esa persona no tuvo buenos resultados. Cuando nos desesperamos y comenzamos a reclamarle a Dios el por qué estamos en cierta situación o lugar, estamos en peligro de cometer errores. Comenzamos a tomar decisiones por nuestra cuenta que a la larga nos traen frustración y decepción. Una de las cosas que podemos admirar de Abram, quien más adelante es llamado Abraham, fue su fe y su confianza en Dios, por lo cual es considerado como "*el padre de la fe*". Él había experimentado una visitación especial del Ángel de Jehová en el desierto, la cual no tomó en poco. Muchas personas han tenido experiencias tremendas con Dios y con el tiempo parece que se le olvida. Hay momentos que Dios nos habla en nuestro sueño, por visión, por otra persona, en oración o de alguna otra forma pero debemos aprender a esperar. Lo que parecía un monte desordenado para Abram, vino a ser el lugar de descanso, un lugar seguro. Lo que parecía lo mejor para Lot, la llanura del valle, casi le cuesta la vida.

Eclesiastés 11:9 dice: "Alégrate, joven, en tu juventud, y tome placer tu corazón en los días de tu adolescencia; y anda en los caminos de tu corazón y en la vista de tus ojos; pero sabe, que sobre todas estas cosas te juzgará Dios." La mayoría de las veces el hombre se mueve por lo que ven sus ojos. Piensa que como algo tiene buena apariencia es mejor. La mejor opción siempre es esperar en Dios. Si a Dios le place llevarte a un desierto, no es para matarte ni desampararte, pero si te lleva al valle o al monte no te olvides de darle la gloria a Él en todo tiempo.

Desiertos en la Iglesia y Sus Lecciones

En el año 2015-2016, cuando mi esposo y yo estábamos en Puerto Rico pudimos aprender varias lecciones en medio del desierto. Dios había puesto en mi corazón irnos a la isla a trabajar por las almas. Sin embargo, los planes de Dios eran otros. Mientras habíamos dejado atrás nuestros empleos y nuestras familias, pensábamos que íbamos a enrollarnos las mangas para poner manos a la obra enseguida que pisáramos la isla. Nuestro más grande anhelo era unirnos a una congregación y trabajar juntos para alcanzar vidas con el mensaje de salvación. Jamás pasaba por mi mente que la isla había cambiado mucho en más de cuarenta años que yo no vivía allá. Mi orgullo de enseñarle mi hermosa isla a mi esposo de origen Colombiano, era muy profundo. Para nuestra decepción las cosas resultaron ser totalmente diferente a como habíamos pensado, aun en las congregaciones.

Sin ánimo de ofender, te voy a compartir nuestras experiencias al llegar a la isla y lo que aprendimos en esta trayectoria, aunque nos vamos a reservar el nombre de la "iglesia" o congregación, pastores o lugar donde sucedió todo. Fecha: Octubre 2015 a Febrero 2016:

La primera iglesia visitada: Quisimos visitarles por ser del concilio al cual estábamos afiliados en Florida. Allí pudimos notar que 90% de la congregación eran ancianos, todos mayores de edad, con excepción a una niña que tocaba la batería. Un anciano a duras penas tocaba la guitarra y se cantaban cantos "del ayer" y de un

Himnario. El mensaje del pastor (un anciano) lleno de muletillas y sinceramente un tono monótono. El lugar era bien pequeño y había muchas sillas vacías, apenas unas 20 personas en total. Aunque la cantidad de personas congregadas no nos importaba. Su forma en el recibimiento de visitas: Mientras ellos se saludaban entre sí, a no ser por un par de hermanos que nos saludaron, nos sentimos invisibles para el resto de las personas. Es posible que por nuestra vestimenta o apariencia se sintieran que les estábamos invadiendo su espacio. Al rato de estar ahí, se nos acercó una anciana con una libreta escolar y nos preguntó los nombres, los cuales anotó en la libreta, no sé con qué propósito, sino fue tan solo para mencionar nuestros nombres al terminar el tiempo de las alabanzas ya que no nos pidieron más información, ni siquiera nos preguntaron si éramos creyentes.

Mi impresión de este lugar fue muy decepcionante, sentí que no les interesaba que nadie nuevo llegara a la iglesia ya que están camino a la extinción para cerrar las puertas cuando se vaya o se muera el último feligrés. Pensé: "Aquí no pasa nada, es una iglesia encerrada en un círculo de religiosos, o más bien una fraternidad." Ni siquiera tocar el concepto de evangelización o llamamiento al altar, no existente, mucho menos me imagino que no hay discipulado o entrenamiento de líderes. Estos no son necesario ya que no hay deseos de crecer o de innovarse.

La segunda Iglesia que visitamos constaba con un hermoso templo. Quisimos visitarles ya que pertenece a un concilio muy conocido y de buena doctrina. Pese a las comodidades que ofrecían sus facilidades, incluyendo aire acondicionado y bancas cómodas, también nos encontramos con "grupitos" o más bien, círculos cerrados. Aunque aquí había un porcentaje balanceado de adultos, ancianos y jóvenes, también sentimos un poco de indiferencia y apatía hacia nosotros. Había mucha conversación entre ellos, otros muy ocupados con sus celulares y muy poca atención a los que entraban. Durante la adoración, una hermana se nos acercó con unas hojitas de visitante para que las llenáramos. Nunca supimos el propósito de toda la información que pide la hoja, a no ser para mencionar nuestra presencia en sus medios. Sorprendentemente nadie nos preguntó si pertenecíamos a alguna iglesia, aunque pusimos en la hoja que estábamos recién llegados de Estados Unidos y en busca de un lugar para congregarnos. Debo mencionar que el pastor es un gran hombre de Dios y expuso la Palabra con sabiduría y con unción. En mi opinión, falta entrenamiento de ujieres para recibimiento de visitas y darles seguimiento.

La tercera Iglesia la visitó mi esposo solo. Es una iglesia de un concilio muy conocido y para el cual mi padre pastoreó por muchos años. Gente tradicional, totalmente estricta y de muchos dogmas. Aunque son hermanos de amor. La congregación era también una combinación de niños, jóvenes, adultos y ancianos, la mayor parte eran ancianos y adultos, menos jóvenes. Al igual que en las anteriores, le hicieron llenar la hoja de visita para hacer mención de su presencia en aquel lugar. Tampoco recibimos llamada de seguimiento de aquí.

La cuarta Iglesia estaba muy cerca de la casa. Parece que no pertenece a ningún concilio. Aunque tiene iglesias afiliadas. Esta es una iglesia más moderna y más liberal respecto a los dogmas de las iglesias anteriores. El equipo de adoración y las alabanzas fueron muy hermosas. Lamentablemente, aquí también había "grupitos" entre ellos. Esta iglesia estaba pasando una serie de cambios y su pastor estaba enfermo. Esta primera vez que fuimos hubo un predicador invitado. Un par de ujieres en la puerta nos recibieron calurosamente y nos hicieron llenar la famosa "Hoja de visitante" para reconocer nuestra presencia en sus medios. Visitamos una segunda vez ya que hasta el momento era la más que nos había agradado y la más cerca a la casa. Para mi sorpresa, el domingo siguiente nos hicieron llenar la "Hoja de visitante" nuevamente porque no se acordaban de nosotros. Tampoco hubo seguimiento alguno durante la semana aunque le visitamos por segunda vez.

Como gente curiosa que somos y en nuestra búsqueda de una iglesia para hacerla nuestra casa de adoración, ya usted sabe, a mi esposo se le ocurre visitar un templo pequeñito que había visto en el camino lo que vino a ser la quinta iglesia. Para nuestra sorpresa, era un templo de Iglesia de Dios Incorporada, mejor conocida como "iglesia del velo". Pero, ya estábamos allí y la hermana en la puerta insistió que entráramos. Nos gozamos en el devocional el cual era una mezcla de cantos de ayer y de hoy. El mensaje estuvo a cargo de una hermana. Aquí también llenamos la famosa "Hoja de visitante" para hacer mención de nuestros nombres. Después del servicio, nos invitaron a que nos quedáramos a almorzar ya que era el cumpleaños del pastor. Si, ya sabes, como en las anteriores, no hubo más contacto con nosotros de parte de ellos.

Parecida a la cuarta iglesia que visitamos, era independiente vino a ser la sexta iglesia. Un templo muy lindo y muy cómodo, con una pastora. Aquí también nos gozamos con el grupo de adoración. Durante las alabanzas, una hermana se nos acercó con una libreta y nos tomó nuestros nombres los cuales mencionaron en el tiempo antes del mensaje. Ni modo esperar a que nos llamaran, ya que no nos tomaron ninguna información. El mensaje fue dado por la pastora, muy hermoso y con unción. Aquí, como en todas las anteriores, nadie se interesó en darnos seguimiento.

Quisimos visitar la congregación del predicador que conocimos en la cuarta iglesia. Era la séptima iglesia en nuestra búsqueda. Esta era en la marquesina de su casa la cual había preparado como lugar de adoración. ¡Que sorpresa! antes de entrar, el pastor nos pidió que nos quitáramos los zapatos y los pusiéramos en una zapatera que había en la entrada. Ese día yo tenía un vestido de tela fina y sin zapatos estaba que me congelaba de frío. El pastor explicó que Dios le había hecho sentir que los que entraran en el lugar debían removerse sus zapatos en señal de respeto al lugar santísimo. Aquí no llenamos nada ya que el pastor nos había preguntado los nombres al entrar. Muy peculiar forma de ellos manejar su lugar de reunión. Mientras el pastor predicaba dijo que le caía escarcha de oro sobre su Biblia...no sé, no quiero poner en tela de juicio esto, pero yo no la vi. En todo caso, mi pregunta es: ¿Cuál es la idea de Dios al mandar escamas de oro si éstas no son suficientes para hacer nada ni para vender el oro y sufragar gastos de la obra? Simplemente, no es lo que buscamos aunque tampoco nos dieron seguimiento así que seguimos nuestra búsqueda.

A estas alturas usted se puede imaginar cómo nos sentíamos en aquel pueblo donde no conocíamos a nadie y no habíamos logrado encontrar un grupo de hermanos que nos recibiera.

Pero no nos dimos por vencidos así que llegamos a la octava Iglesia: Visitamos una congregación en una carpa en las afueras de un pueblo. Aquí nos gozamos grandemente, aunque después de un rato comenzó a llover y hubo que moverse hacia el centro de la carpa ya que nos mojábamos. Encontramos una comunidad de gente joven y con deseos de trabajar en el Señor. Aunque ya habíamos conocido sus pastores en una iglesia donde asistimos para un evento, quisimos venir acá por si nos acogíamos para seguir viniendo y hacer de este nuestro lugar de adoración. Aunque hubo un contacto directo con la pastora, nunca más supimos de ellos porque aquí simplemente dijeron a las visitas que se pusieran en pie para reconocer su presencia. Entendimos que era una obra nueva y en transición.

Finalmente, seguimos más adelante en el mismo centro de uno de los pueblos de la isla, está un templo Pentecostal, esta vino a ser la novena iglesia. Aquí igualmente encontramos un buen grupo de adoración a Dios con música de ayer y de hoy. Un hermoso templo muy antiguo y un estilo tradicional. Hasta el momento fue la más que nos gustó, así que regresamos el próximo Domingo. Como en los otros lugares llenamos la "Hoja de visitantes" pero para variar, por fin, ellos sí nos llamaron dándonos seguimiento. Fue un placer y alegría el poder conversar con la esposa del pastor o la pastora como le llaman hoy día. Ella fue muy gentil y nos provocó continuar yendo a congregarnos en este lugar.

Poco tiempo después, Dios nos abrió una puerta y nos trasladamos al otro lado de la isla, al pueblo de Dorado.

La razón que decidí hacer un relato de nuestra experiencia al llegar a la isla de Puerto Rico y explorar las congregaciones, es porque quiero crear conciencia a los ministros, pastores y líderes que están activos en cada congregación de la importancia de dar seguimiento a todo el que entra por las puertas del templo. Al ver todo esto, dentro de mí ser se estaba desarrollando un espíritu consternado y triste. El evangelio que yo había disfrutado en mi niñez ya no era igual. El espíritu de religiosidad se ha apoderado de muchos lugares de adoración. Sentí que Dios nos había llevado a un desierto a morir. Morir, talvez no literalmente pero sentí que nos estábamos estancando en nuestro caminar como ministerio. Con tan solo pensar que pudiera darse el caso de que una persona con una gran necesidad o aun peor, sin deseos de vivir, hubiera visitado alguna de estas congregaciones y se hubiera marchado con la misma decepción que nosotros. ¡Que tristeza! ¡Qué falta de visión espiritual! Pido a Dios que si algún pastor o líder se percata de que esto puede estar pasando en su congregación, pueda cambiar su modo de operación y comenzar a interesarse más por las almas.

Fueron muchas las lecciones que aprendimos de este proceso. Hay que estar más atento a la necesidad ajena. Como creyentes tenemos que salirnos de nuestra zona de conformidad y comenzar a actuar como hijos de Dios. Seguramente, esta situación no es la misma en todas las congregaciones. Al fin pudimos encontrar una iglesia (congregación) que nos abrazó y sin pedir nada a cambio nos recibió con brazos abiertos donde permanecimos hasta que nos regresamos de nuevo a Florida. Dios uso a esta casa de adoración, a sus pastores y a sus líderes para cubrirnos y bendecirnos el resto del tiempo que estuvimos en la isla.

Lamentablemente, estamos tan preocupados en proyectos y actividades conciliares que se nos olvidan las almas. El propósito primordial de la iglesia en la tierra, en todo momento es el alcanzar almas para el reino de los cielos. Es muy importante que abramos nuestros corazones a cada persona que se acerca a las puertas del templo. Que seamos las manos de Cristo, los pies de Cristo, los ojos de Cristo, la voz de Cristo y el corazón de Cristo aquí en la tierra. Mi alma gime cuando recuerdo este desierto de indiferencia en la que encontré mi isla. Me acordaba de aquellos jóvenes Hebreos que habían sido llevados cautivos a Babilonia. La gente de Babilonia les pedía que cantaran canticos a Dios, pero ellos se sentían oprimidos. Estaban en un desierto, no tenían deseos de cantar a su Dios en tierra extraña donde no había temor de Dios. Ellos colgaron sus arpas sobre los sauces, porque no tenían inspiración para adorar a Dios. Si llegas a un lugar donde sientes que no hay libertad para adorar a Dios es tiempo de salir de ahí, así como el pueblo de Dios tuvo que salir de Egipto para adorar a Dios en el desierto.

Todo ministro, líder y pastor en medio de una congregación debe crear conciencia y preocuparse por aquellos que sin tener que irlos a buscar llegan a las puertas del templo. Es muy triste pensar que una persona llegue con intenciones de buscar una respuesta a su situación y termine quitándose la vida por la indiferencia que encontró en el templo. Esto puede parecer muy fuerte para muchos, pero Dios me inquieta a crear este alerta para que muchos cambien su rutina y comiencen a atraer vidas a los pies de Cristo con cuerdas de amor.

Hace poco escuché un testimonio acerca de un hombre de ambulante. Este hombre se pasaba en la acera frente a una tienda, saludando a todos los que pasaban. Les decía: "Hola, mi nombre es Juan." Pero nadie le hacía caso alguno. Un día un ministro, un hombre de Dios llamado Esteban, le prestó atención y le respondió: "Hola, mi nombre es Esteban." Desde ese día, Esteban se preocupó por Juan y siempre que estaba cerca de aquel lugar le llevaba comida y pasaba un rato platicando con él.

Un día, Esteban se dirigía a la tienda cerca de donde Juan siempre solía estar, cuando se percató de un tumulto y unas sirenas de ambulancias y policías. No podía imaginarse lo que estaba pasando, así que se acercó y preguntó. Alguien le explicó que aquel hombre ambulante llamado Juan, había sido atropellado por un automóvil. ¡Que tristeza! Esteban tenía pensado llevarlo a almorzar ese día como lo había hecho otras veces. Cuando la policía preguntó si alguien sabía algo acerca de este hombre, Esteban con voz entrecortada respondió: "Se llama Juan." Más tarde, el policía le entrego a Esteban un cuaderno que habían encontrado junto al cadáver de Juan. Cuando Esteban abrió el cuaderno encontró una página que titulaba: "Amigos". Debajo del encabezamiento solo había un nombre: "Esteban."

¡Que sorpresa y a la misma vez que decepción! Este hombre que siempre saludaba a todo el que entraba en aquella tienda, solo había conseguido un amigo, su gran amigo Esteban. Esta historia me hace pensar mucho a nuestras vidas cuando estando rodeados de personas, nos pasan por el lado y no se percatan de nuestra presencia. Eso es otro tipo de desierto. Por eso he aprendido también que el mejor amigo de todos siempre es y siempre será Jesús, el hijo de Dios.

Si miramos la historia del pueblo de Dios, Dios tuvo que enseñar al pueblo a confiar en él. Constantemente, cuestionamos los métodos y los procesos que Dios usa para el glorificarse. Criticamos al pueblo de Israel por su comportamiento rebelde en el desierto. No nos damos cuenta de que somos igual o peor que ellos. El pueblo de Israel tuvo que permanecer cuarenta años en el desierto a causa de su incredulidad. Muchos no pudieron entrar en la tierra prometida. Cuando tuvieron hambre Dios proveyó alimentos, cuando tuvieron sed Dios proveyó agua, nunca envejecieron sus ropas, de noche Dios les acompañaba con una columna de fuego y de día con una columna de nube, sin embargo siempre se quejaban y murmuraban.

Cuando estamos en medio de un desierto en nuestra vida es importante que no nos olvidemos de donde Dios no sacó y hacia dónde vamos. No podemos desenfocar nuestra vista de la tierra prometida, la Canaán celestial Hebreos 13:14 "porque no tenemos aquí ciudad permanente, sino que buscamos la por venir." Al igual que con aquel pueblo, Dios siempre nos provee una respuesta a todas nuestras necesidades. El problema estriba en que no sabemos esperar en Dios con paciencia. En Salmos 40:1 el Salmista se expresaba así: "Pacientemente esperé a Jehová, Y se inclinó a mí, y oyó mi clamor."

Para una persona aprender a ser humilde, muchas veces es necesario que pase por un desierto. La humildad es una característica que se desarrolla en el desierto. No podemos salir del desierto si permanecemos altivos ante Dios. Proverbios 16:19 dice: "Mejor es humillar el espíritu con los humildes que repartir despojos con los soberbios." El ejemplo más grande lo podemos ver en el mismo Apóstol Pablo. Cuando tuvo su encuentro, Dios le dijo: "dura cosa te es dar coces contra el aguijón." Había gran resistencia de parte de Pablo hacia Dios y hacia los cristianos, que es comparada con dar coces contra un aguijón. En los tiempos antiguos, se utilizaba un aguijón para dirigir a los caballos hacia donde el jinete quería que le llevara. Constaba de una vara con una punta de metal afilada, cuando el animal se resistía, al moverse en cierta dirección, era chuzado con el aguijón. Entonces no le costaba más remedio de seguir adelante para evitar aquel dolor.

En Eclesiastés 12:11 Salomón compara las palabras de los sabios como aguijones que nos impulsan en la dirección correcta. Muchas veces cuando estamos pasando por una situación y escuchamos una palabra "dura" de parte del predicador pensamos que nos hará más daño del que ya estamos pasando, pero por el contrario cuando escuchamos la voz de Dios y nos humillamos, saldremos victoriosos de ese desierto. Me llama mucho la atención Deuteronomio 8:16 la frase: "para a la postre hacerte bien." Dios mismo les explica a su pueblo de que todo lo que ellos habían pasado era parte un proceso.

En Deuteronomio capítulo 6, vemos como Dios instituyo la ley de repetición en su pueblo Israel. "y las repetirás a tus hijos, y hablarás de ellas estando en tu casa, y andando por el camino, y al acostarte, y cuando te levantes." No era simplemente por repetir, sino porque como humanos, una y otra vez tenemos que regresar a las lecciones básicas. Las lecciones aprendidas en el desierto nunca deben ser olvidadas. Cuando olvidamos las cosas que ofenden a Dios y ya no sentimos convicción, sucede lo que llamamos endurecimiento del corazón. Cuando el corazón se endurece, se nos olvidan los principios básicos de Dios. Deut. 8:11 "Cuídate de no olvidarte de Jehová tu Dios, para cumplir sus mandamientos, sus decretos y sus estatutos que yo te ordeno hoy."

En Septiembre del 2017, la isla de Puerto Rico fue azotada por el huracán María. Por muchos años la isla había sido amenazada por fenómenos de la naturaleza, pero se habían desviado sin afectarla. Pero esta vez no fue así. Nuestra isla pasó por el peor momento de la Historia desde hace más de sesenta años. Por esas cosas de Dios, a mí me tocó estar allá en ese tiempo. Recuerdo que había llegado a la isla unos días antes para hacerme unos procedimientos médicos. Casi el mismo día que llegue comencé a darme cuenta de que talvez no fue la mejor idea viajar allá en ese momento por lo que estaba por acontecer. Sin embargo, Dios tenía un plan mayor para mi vida. Me estaba hospedando en la casa de mi prima en Manatí. La noche antes del huracán, mi familia insistía en que debía regresarme a casa, al estado de Florida inmediatamente. Pude experimentar lo que la Biblia se refiere a "paz que sobrepasa todo entendimiento" en ese momento, porque a pesar de todos corrían de aquí para allá buscando asegurar sus viviendas, sus vidas y en busca de alimentos, yo estaba en paz. Dios sabía que era necesario que yo estuviera en la isla para ese momento. Nunca había experimentado una experiencia misionera en mi propio país. Dios me había permitido ir a otros países y llevar ropa y aun comida, pero nunca había tenido esa oportunidad con mi propia gente. Cuando llego el huracán, como todos saben, llego con gran devastación. Hubo pérdidas cuantiosas, las cuales creo que hasta la fecha no se han podido determinar en valor y tampoco recuperar. Muchas personas quedaron sin vivienda y escaseaba el agua y el alimento. Mi familia en el estado de Florida no podía comunicarse conmigo y estaban muy preocupados por mi bienestar. Cuando por fin pudimos comunicarnos, les avisamos que estábamos bien, gracias a Dios. Entonces me doy cuenta de que mis planes al estar allá eran unos, pero los de Dios eran otros. Tuve que replantear mi mente y ahora despreocuparme por mi salud, por mi bienestar y comenzar a mirar a mí alrededor para poder ayudar a otros menos afortunados.

Dos días después del huracán le dije a mi prima que sentía en mi corazón que mi sobrino, quien es pastor en Bayamón, iría a buscarnos al otro día. Así que alisté mis maletas la noche anterior y estaba esperando. Así mismo sucedió. Honestamente, no sé cómo mi sobrino llegó a la casa pues con tanta confusión y el solo había ido a ese lugar una vez, milagrosamente encontró la casa. Había mucha obstrucción en las carreteras y le había tomado mucho tiempo en llegar, pero Dios quería que hiciéramos el trabajo para el cual hemos sido llamados. Recuerdo que muchos hermanos y familiares se movilizaron para comenzar a ayudar a la gente en la isla. Entre ellos mi hermana menor y amistades nos enviaron dinero el cual utilizamos para ir a comprar alimentos y nos activamos en la repartición por los barrios aledaños a donde estábamos. Para esa fecha y en medio de todo este caos, mi sobrino estaba a punto de comenzar una obra en Bayamón. Era una locura, pero estábamos seguros de que Dios estaba en control de todo. Las experiencias vividas quedaron grabadas en mi mente. En el mes de Octubre, un mes más tarde por fin pude regresar a mi casa en el estado de Florida. Mis ojos se cargaban de lágrimas cuando miraba las noticias de lo que mi pueblo estaba pasando. Me tomó un tiempo para ajustarme nuevamente a la "normalidad" de mi vida cotidiana. Puedo decir que dentro de todo, le doy gracias a Dios por haberme permitido poner un granito de arena en las vidas de muchas personas durante ese tiempo de calamidad.

Todavía es la fecha en que yo no he tenido que hacerme los procedimientos médicos que fui a hacerme a la isla, porque no han sido necesario. Los médicos decían una cosa, pero Dios tenía otros planes y permitió todo para usarnos en suplir la necesidad de otros, para su gloria. Dios coloca a sus hijos en situaciones y lugares estratégicos para que sean instrumentos en sus manos y poder alcanzar a otros.

La Gloria de Dios en el Desierto

P ara muchos es difícil imaginar que la Gloria de Dios se puede presentar en el desierto. Cuando imaginamos la gloria de Dios manifestada, esperamos que ésta sea en un lugar fresco, cómodo, lleno de flores, iluminado, tranquilo y así por el estilo. Un lugar donde todo marcha bien. Si visitamos Éxodo capítulo 16, nos encontramos con una escena extraordinaria. Vemos como el pueblo de Israel, después de haber experimentado cruzar el mar Rojo en seco y muchos otros milagros, murmuraron contra Moisés y contra Aarón. Ellos esperaban que al salir de Egipto todo les iba a salir como ellos pensaban. Dios les había prometido una tierra de leche y miel. De repente se dan cuenta de que les estaba dando hambre y esto les hizo comenzar a lamentarse el haber salido de Egipto. Esto les sucede a muchas personas cuando vienen a los pies de Cristo. Son liberados de la cautividad donde estaban presos del mismo satanás y creen que van a caminar en miel y hojuelas. Sin embargo, se olvidan que el mismo Dios que les ha sacado de la cautividad es el mismo Dios que les va a ayudar a salir adelante. Ahora Dios les dice que ha escuchado su murmuración y les quiere llamar a cuentas. En el verso 10 "Y hablando Aarón a toda la congregación de los hijos de Israel, miraron hacia el desierto, y he aquí la gloria de Jehová apareció en la nube." Esta aparición de la gloria de Dios era en respuesta a su actitud hacia los líderes Moisés y Aarón. Primero les promete y les da "maná" y luego se quejan porque quieren carne y Dios les provee de codornices para que puedan comer. No hay necesidad que Dios no pueda suplir en medio del desierto.

Aun cuando nosotros nos quejamos y aun le fallamos a Dios, Él es un padre de amor. Mateo 7:8 "Porque todo aquel que pide, recibe; y el que busca, halla; y al que llama, se le abrirá."

Ver la gloria de Dios en medio del desierto debería ser algo maravilloso. Algo fuera de lo natural, pero no debe causar temor. Sin embargo, aunque la gloria de Dios se nos presente una y otra vez para mostrarnos su fidelidad y darnos confianza, como humanos no dejamos de quejarnos. Pienso que en estos tiempos en que vivimos de tanta incredulidad y pecado, a muchos les cuesta creer que la gloria de Dios es manifestada aun en medio de un desierto. Es por esto que muchas veces acudimos a soluciones temporales para resolver nuestros problemas eternos. Cuando Jesús se encontró junto al pozo con la mujer Samaritana, le dijo de esta forma en Juan 4:13-14 "Respondió Jesús y le dijo: Cualquiera que bebiere de esta agua, volverá a tener sed; más el que bebiere del agua que yo le daré, no tendrá sed jamás; sino que el agua que yo le daré será en él una fuente de agua que salte para vida eterna."

El problema más grande que el ser humano puede enfrentar es tratar de resolver los problemas espirituales con cosas carnales o terrenales. Juan 6:63 dice Jesús hablando a sus discípulos (y a todo el que cree) "El espíritu es el que da vida; la carne para nada aprovecha; las palabras que yo os he hablado son espíritu y son vida."

El pueblo de Israel estaba tan enfocado en suplir su hambre y su sed que no se daban cuenta de esto tan sublime que estaba sucediendo y es ver la gloria de Dios manifestada en medio de aquel desierto. Ellos comerían un pan que les saciaría su hambre inmediata, pero al otro día volverían a tener hambre. En Juan 6:35 "Jesús les dijo: Yo soy el pan de vida; el que a mí viene, nunca tendrá hambre; y el que en mí cree, no tendrá sed jamás."

Una de las escena más conmovedoras de los evangelios es cuando Jesús resucita a su amigo, Lázaro. En Juan 11, vemos como desde el momento en que Jesús se entera que su amigo estaba enfermo, sabía que su gloria se habría de mostrar. El maestro se toma su tiempo en llegar a la casa de Lázaro y éste muere. Una vez el maestro llega a la casa de Lázaro donde él vivía junto a sus hermanas Marta y María, Jesús pide que se quite la piedra a lo que

La Gloria De Dios En El Desierto

Marta se opone, explicando que habían pasado cuatro días y que ya el cuerpo hedía. Sin embargo Jesús le responde en el verso 40: "¿No te he dicho que si crees, verás la gloria de Dios?"

Sin lugar a dudas, muchas personas piensan que están pasando un desierto cuando pierden un ser querido. Esa era la situación de esta familia. Ellos se enfocaban en su dolor. Lázaro, siendo el hombre de la casa era el sustento de aquellas mujeres. Talvez así como el pueblo de Dios en el desierto, ellas también se preocupaban de cómo iban a hacer ahora sin tener sustento, no tendrían para comer. Ellas estaban conforme con solo saber que el maestro estaba ahí con ellos, aunque le reprocharan que había llegado tarde y que talvez si hubiese estado ahí cuando Lázaro estaba enfermo, éste no hubiera muerto. Así que Dios muestra su gloria en medio de este desierto en el que ellas se encontraban, resucitando a Lázaro y devolviéndolo a la familia vivo.

La incredulidad causará la ceguera en medio de tu desierto para que no veas la gloria de Dios. Es preciso notar que Jesús le dice a Marta "¿No te he dicho?" Esto quiere decir que en más de una ocasión Jesús le había instado a creer. ¿Cuántas veces Dios te ha tenido que instar a creer, para que puedas ver la gloria de Dios?

Cada persona que ha depositado su fe en Jesús debe saber que todas las cosas provienen de su mano. No quiere decir que no debemos trabajar para ganarnos el sustento de cada día, lo que Dios anhela es que nuestra preferencia en nuestro diario vivir sea una vida de fe. Habacuc 2:4: "He aquí que aquel cuya alma no es recta, se enorgullece; más el justo por su fe vivirá." Esto es creer aun en medio de tu desierto de que la gloria de Dios se ha de manifestar en nuestras vidas cuando menos lo esperemos y como menos lo esperamos. ¿Estás listo o lista para ver la gloria de Dios en medio de tu desierto?

En el Proceso del Desierto Conocerás la Promesa y el Propósito

Por lo general, siempre que nos referimos al "desierto" lo consideramos un proceso o procesos por los cuales tenemos que pasar. Pero antes de cada proceso, ya Dios ha dado promesas, y finalmente nos muestra que su propósito se ha de cumplir en nosotros.

Promesa-proceso-propósito, siempre que "pro" se aparece al principio de una palabra quiere decir: *a favor de* o *ante, delante de, hacia delante*. Estas tres palabras son repetidas una y otra vez en nuestros "desiertos."

Promesa: prometimiento con condición antes de que se lleve a cabo. La biblia dice en 2 Corintios 1:20 "…porque todas las promesas de Dios son en él sí, y en él Amén, por medio de nosotros, para la gloria de Dios." Comúnmente las personas se aferran a las promesas de Dios, especialmente cuando se sienten estar en medio de un desierto. Recuerda que las promesas de Dios para sus hijos requieren sometimiento y obediencia a su Palabra. Según estudios, la Biblia contiene más de 3,000 promesas para los hijos de Dios, sin embargo por lo regular solo un pequeño número de ellas son las que conocemos y reclamamos con frecuencia. Todas las promesas de Dios son alcanzadas por medio de la fe en El.

Proceso-acción de ir adelante, conjuntos de actos y trámites. En el libro los Hechos 9:5-6 durante el encuentro de Saulo "Pablo", cuando iba a perseguir los cristianos en Damasco, al escuchar la voz de Jesús pregunta "…¿Quién eres, Señor? Y le dijo: Yo soy

Jesús, a quien tú persigues; dura cosa te es dar coces contra el aguijón. 6. El, temblando y temeroso, dijo: Señor, ¿qué quieres que yo haga? Y el Señor le dijo: Levántate y entra en la ciudad, y se te dirá lo que debes hacer." Muchos cristianos no se sienten realizados en Dios y se quedan postrados en el desierto porque se han quedado estancados en el "shock" de su encuentro con Dios. Gálatas 4:19 "Hijitos míos, por quienes vuelvo a sufrir dolores de parto, hasta que Cristo sea formado en vosotros." El Apóstol Pablo entendía que su encuentro con Dios no era un simple encuentro, sino que "algo" quería Dios con él. De igual manera, tu vida en el Señor siempre tiene que ver con los demás (con otros) y no contigo.

El encuentro de Saulo con Jesús provocó dos cosas: El querer conocer a Dios y el querer conocer (y hacer) su voluntad. Ciertamente que él tenía la opción de continuar su camino y desobedecer a Dios o entrar en el proceso o molde en el que Dios le instruyó debía entrar. Cuando procuramos estas dos cosas, automáticamente entramos en el proceso y veremos cambios significantes dentro de nuestros *desiertos*.

En el proceso el primer paso es *la santificación*, algo muy necesario para comprender el propósito de Dios. Colosenses 3:1-7 "Si, pues, habéis resucitado con Cristo, buscad las cosas de arriba, donde está Cristo sentado a la diestra de Dios. Poned la mira en las cosas de arriba, no en las de la tierra. Porque habéis muerto, y vuestra vida está escondida con Cristo en Dios. Cuando Cristo, vuestra vida, se manifieste, entonces vosotros también seréis manifestados con él en gloria. Haced morir, pues, lo terrenal en vosotros: fornicación, impureza, pasiones desordenadas, malos deseos y avaricia, que es idolatría; cosas por las cuales la ira de Dios viene sobre los hijos de desobediencia, en las cuales vosotros también anduvisteis en otro tiempo cuando vivíais en ellas". *La santificación* te llevará al *conocimiento de Dios* que es el segundo paso, Colosenses 3:10 "y revestido del nuevo, el cual conforme a la imagen del que lo creó se va renovando hasta el conocimiento pleno." Y finalmente el *conocimiento de Dios* te llevará a entender su *propósito*.

Hasta que no pasemos por este proceso seguiremos como el pueblo de Dios dando vueltas en el mismo desierto sin entender lo que Dios quiere mostrarnos.

Propósito-ánimo o intención de llevar algo a cabo. Salmos 138:8 "Jehová cumplirá su propósito en mí;" Efesios 3:11 "conforme al *propósito* eterno que hizo en Cristo Jesús nuestro Señor" y 2 Timoteo 1:9 "quien nos salvó y llamó con llamamiento santo, no conforme a nuestras obras, sino según el *propósito* suyo y la gracia que nos fue dada en Cristo Jesús antes de los tiempos de los siglos".

En los siguientes versos, vemos estas tres cosas resumidas: 1 Pedro 2:9-10 Mas vosotros sois linaje escogido, real sacerdocio, nación santa, pueblo adquirido por Dios, (*quienes somos ahora*) para que anunciéis las virtudes de aquel que os llamó de las tinieblas a su luz admirable (*Propósito*); Vosotros que en otro tiempo no erais pueblo, (*quienes* éramos *antes*) pero que ahora sois pueblo de Dios (*quienes somos ahora*); que en otro tiempo no habíais alcanzado misericordia (*quienes* éramos *antes*), pero ahora habéis alcanzado misericordia (*quienes somos ahora*).

En resumen, las promesas de Dios requieren un proceso. El proceso (de santificación) te llevará al conocimiento de Dios; El conocimiento de Dios, te llevará a entender Su propósito.

Finalmente, recuerda que todo lo que Dios hace lo hace con propósito. En Él no hay coincidencias ni casualidades. Así que antes de buscar soluciones temporales, busca la dirección de Dios. En la oración y la lectura de la Palabra de Dios no solo has de encontrar la respuesta a la pregunta: ¿Cómo llegaste a tu desierto?, pero también aprenderás a cómo salir de tu desierto.

Carta al Lector:

Amado hermano o hermana en Cristo, amado amigo,
No sé cómo este ejemplar de mi libro llegó a tus manos, pero espero que te haya sido de edificación y de gran bendición. Que seas motivado a un acercamiento a Dios aun en medio de las pruebas.

Desconozco si en la actualidad tú estás pasando por un desierto. Tampoco sé si tu proceso se ha hecho tedioso y piensas que ya no puedes más. Creo que esta es una gran oportunidad para ti, es el momento de Dios glorificarse. No importa como llegaste a tu desierto. La realidad es que si llegaste por tu desobediencia o por obediencia, en Dios no hay casualidades. Todo lo que te ha sucedido y lo que has experimentado hasta hoy, es para a la postre hacerte el bien.

Dios quiere mostrarte su gloria en medio de las pruebas, no importa cómo éstas hayan llegado a tu vida. Por lo tanto, recuerda lo que dice Santiago 1:2-4 "Hermanos míos, tened por sumo gozo cuando os halléis en diversas pruebas, Sabiendo que la prueba de vuestra fe produce paciencia. Mas tenga la paciencia su obra completa, para que seáis perfectos y cabales, sin que os falte cosa alguna."

No pienses que todo está perdido. Tampoco pierdas la esperanza. Mientras hay vida, hay esperanza. Él es un Dios de oportunidades y nuevos comienzos. Dios puede hacer belleza de cenizas. Puede tomar un pedazo de carbón y convertirlo en un diamante. Si has agotado todas tus fuerzas pidiendo a Dios una respuesta, no desmayes. Persiste en oración y suplica. Acércate más a Él. Permite que Cristo Jesús entre en tu corazón y sane tus heridas. Recuerda las promesas de Dios. Él ha dicho que si nuestra morada terrestre, este tabernáculo, se deshiciere, tenemos de Dios un edificio, una casa no hecha de manos, eterna, en los cielos. (2 Cor. 5:1).

Anímate, no te quedes postrado o postrada en medio del desierto, procura levantarte en el nombre del Señor y comienza a ayudar a otros para que ellos también puedan levantarse y alcanzar juntos la Canaán eterna, la cuidad celestial.

Si necesitas más información puedes escribirnos a nuestro correo electrónico: paredes_de_amor@yahoo.com.

Dios te bendiga,
Pastora Ruthie Velázquez-Paredes

Bibliografía

La Santa Biblia, Versión Reina Valera 1960 y Versión Moderna.

Enlaces externos

Wikcionario tiene una entrada sobre desiertos, oasis

Obtenido de "http://es.wikipedia.org/wiki/desierto"

Lightning Source UK Ltd.
Milton Keynes UK
UKHW010745090120
356646UK00001B/304/P